기브 앤 기브

기브 앤 기브

초판 1쇄 2018년 5월 15일
초판 2쇄 2023년 7월 10일

지은이 김찬모
펴낸이 이혜숙
펴낸곳 (주)스타리치북스

출판 감수 이은희
출판 책임 권대홍
출판 진행 이은정・한송이
본문 교정 이상희
편집디자인 스타리치북스 디자인팀

등록 2013년 6월 12일 제2013-000172호
주소 서울시 강남구 강남대로62길 3 한진빌딩 2~8층
전화 02-6969-8955

홈페이지 www.starrichbooks.co.kr
스타리치몰 www.starrichmall.co.kr
스타리치북스 블로그 www.blog.naver.com/books_han
스타리치 TV www.youtube.com/@starrichTV
글로벌기업가정신협회 www.epsa.or.kr

값 15,000원
ISBN 979-11-85982-48-9 13190

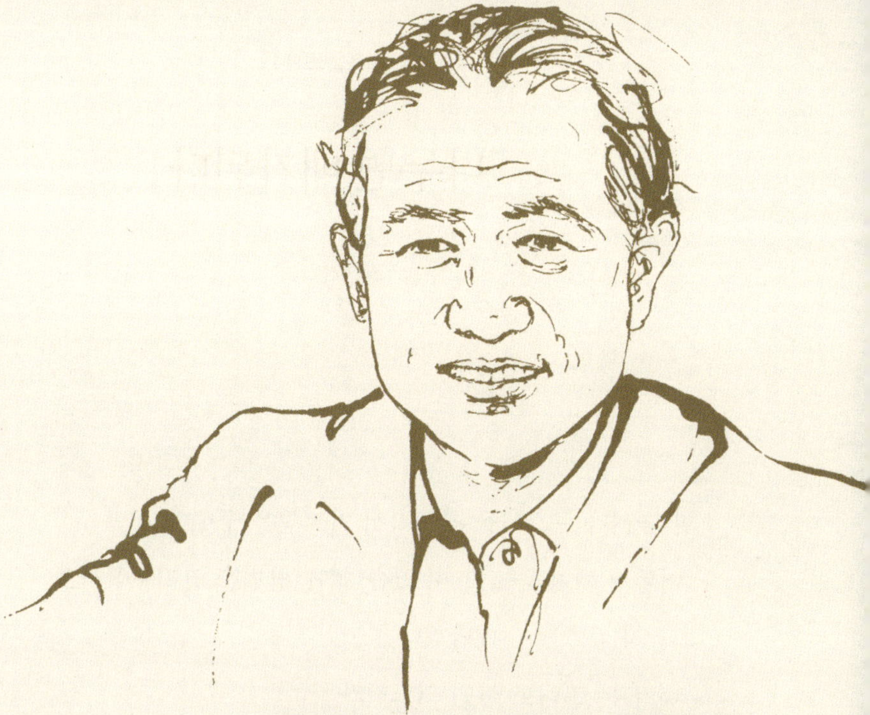

(주)부경 김찬모 대표의 기업가정신

기브 앤 기브

김찬모 지음

| 프롤로그 |

나누면 배가된다

한 승려가 큰스님을 찾아가서 가르침을 구했다.
"어떻게 해야 득도할 수 있습니까? 방법을 알려주십시오."
그러자 큰스님이 대답했다.
"네가 본 그대로 하면 되느니라."
"제가 본 대로 하다니, 그게 무슨 말씀입니까? 자세히 알려주십시오."
"말로 하는 것은 아무 의미가 없느니라."
"도무지 무슨 말씀이신지 모르겠습니다."
큰스님은 일침을 가하듯 큰 소리로 한마디 내뱉었다.
"문적수만복불여일낭전文籍雖滿腹不如一囊錢!"

'책이 비록 배에 가득 차더라도 주머니 속에 있는 동전 하나만 못하다.' 《후한서後漢書》〈조일전趙壹傳〉에 나오는 구절이다. 아무리 책을 많이 읽고 지식을 쌓아도 실행에 옮기지 못하면 아무것도 이룰 수 없다는 뜻이다.

아무리 좋은 계획도 실행하지 않으면 한낱 머릿속의 생각이나 종잇장에 적어놓은 글귀에 불과하다. 아무 쓸모가 없다는 것이다. 이것은 그만큼 실행하기가 힘들다는 것을 반증하는 말이기도 하다. 나눔도 마찬가지다. 나눔을 말하기는 쉽지만 실천하기는 결코 쉽지 않다.

어릴 때부터 학비를 벌면서 학교에 다녀야 했던 나는 나중에 돈을 벌면 반드시 소외계층과 어려운 이웃을 도와줘야겠다고 결심했다. 하지만 경제적인 자립을 해서 남을 도울 수 있기까지 많은 시간이 걸렸다.

주변에 남을 돕고 기부하는 사람들이 점차 많아지고 있다. 나도 이제야 계획한 것을 절반쯤 이루었을 뿐이다. 나는 사업을 할 때나 기부를 할 때면 늘 '견리사의見利思義'를 생각한다. '눈앞의 사사로운 이익을 보거든 먼저 옳은 일인지 아닌지를 생각하라.' 남을 돕는다는 명분만 앞세워 사사로운 이익에 마음이 사로잡히지 않을까, 또한 먼 훗날 후회하게 되지는 않을까 하는 마음에 늘 조심스럽다. 남을 돕는 일이 아직은 시작 단계에 불과한데, 주변의 칭찬과 찬사에 고무되어 초심을 잃는다면 처음에 가졌던 순수한 마음이 퇴색되기 때문이다.

데일 카네기의 《인생론》에는 이런 글귀가 있다. "인생이란 모름지기 마부가 끄는 마차의 두 수레바퀴와 같다. 언제 어디로 갈지 모르면서 한없이 끌려가는 것이다."

자칫 우리는 평생 어디로 가는지 모르고 끌려가듯 살아갈 수 있다. 스스로 삶을 개척하고 방향을 정해서 나아가야 수레바퀴처럼 굴러가는 수동적인 인생에서 벗어날 수 있다.

스스로의 노력 없이는 의미 있는 인생을 살 수 없다. 자식에게 유산으로 큰돈을 물려주면 아무런 노력 없이 재산을 갖게 된 자식은 목표 없이 수레바퀴 같은 인생에서 헤어나기 어렵다. 부모는 자식의 인생을 대신 살아줄 수 없다. 그러므로 큰돈을 물려주기보다 올바른 가르침으로 인도하고 스스로의 힘으로 삶을 개척할 수 있도록 자식의 멘토가 되고 인생의 가이드가 되어주어야 한다.

인생에 정해진 답이란 없다. 목표를 세우고 그 목표를 이뤄나가는 과정이 바로 인생이다. 정답대로 살아가는 것이 아니라 답을 찾아가는 과정인 것이다. 죽을 것처럼 힘들고 하늘이 무너질 것 같은 고비가 찾아올 때도 있지만, 그 또한 지나가게 마련이다. 그 시간을 견디고 버텨내면 어느새 힘든 일들도 시간 속에 묻히고 잊혀진다. 시간이 해결해 준다는 말이 있지 않은가.

사랑을 하더라도 파트너가 있어야 하듯이 사업에도 파트너가 있어야 한다. 기업가에게는 주변의 모든 것들이 파트너다. 유리한 조건이나 불리한 조건, 좋은 사람, 미운 사람 모두 파트너다. 좋은 조건과 좋은 사람은 나에게 도움을 주는 파트너이고, 불리한 조건과 적대적인 사람은 나를 더욱 강하게 만들어주는 파트너이다. 자신을 둘러싼 모든 환경과 사람들을 모두 파트너로 받아들이면 어떠한 장애물에도 좌절하거나 포기하지 않게 된다.

너도 나도 성공을 말하지만 진정한 성공의 의미를 아는 사람은 많지 않다. 목표 지점에 우뚝 서는 것도 중요하지만 그 과정이야말로 어떤 큰 성과보다 더 가치 있고 소중한 것이다. 조금씩 이뤄가는 과정에서 우리는 얼마나 많은 행복을 느끼는가.

그리스 신화에서 끊임없이 바위를 굴려 올리는 시시포스처럼 목표를 달성하고 나면 또 다른 목표를 향해 나아가는 것이 인간의 숙명이 아닐까. 지금의 회사를 삼성이나 LG 같은 대기업으로 키우기는 힘들겠지만 커다란 꿈을 갖고 목표를 향해 나아가는 과정에는 수많은 작은 성공이 있었다. 그러한 작은 성공들이 하나하나 모여서 지금에 이른 것이다.

그동안 내가 살아온 과정을 있는 그대로 보여주려고 노력했다. 미숙하나마 치열하게 살아온 나의 경험과 기업을 일구고 실천한 작은 일들이 시대적으로 어려운 상황에 놓여 있는 젊은이들에게 작게나마 용기와 희망을 줄 수 있기를 바란다. 그리고 좀더 많은 분들이 기브 앤 테이크Give & Take가 아닌 기브 앤 기브Give & Give의 정신으로 나눔을 실천하며 보람된 삶을 누리기를 기대한다.

2018년 3월

김찬모

| 추천사 |

사람은 타고난 재능을 갈고닦아 각자 가치 있는 삶을 살아간다. 그러나 대부분 물질적인 삶을 살기에 참다운 행복을 느끼지 못하고 있다.

그런 의미에서 김찬모 대표는 매우 행복한 삶을 살고 있다고 생각한다. 1993년 ㈜부경을 인수, 중소기업 최초로 항공기 엔진 부품을 국산화했고, 창원시 1위 매출을 올리는 기업으로 성장시킨 뛰어난 기업가다. 물론 젊은 시절 수많은 어려움과 고난도 겪었다. 그럼에도 국가, 부모, 은사, 선배로부터 받았던 은혜를 갚아야 했기에 좌절할 수 없었다. 그는 보은을 실천하고자 몇십 년째 후배 기업인을 비롯해 어려운 이웃에게까지 Give & Give를 하고 있다.

베푸는 인생을 살고 있는 저자가 인생 경험을 살려 '진정한 행복'으로 안내해 줄 책을 펴낸 것이 반갑다. 변화를 두려워하고 혁신보다 안주하려는 이 시대에 인내와 도전으로 자신의 인생을 개척하는 저자의 기업가정신은 우리에게 빛과 지혜를 주는 등불이 될 것이다.

창원상공회의소 전 회장 · 경남스틸(주) 회장 최충경

| 추천사 |

완숙한 봄날입니다.

제가 김찬모 대표를 처음 만난 때는 기억에도 아스라한 1974년 8월 초입니다. 서울 성수동 '국제전광사'란 중소기업에 근무할 때 10여 명의 까까중 촌놈들이 제가 다니던 회사에 취업차 현장 실습을 나왔고, 마침 동향이라 힘들고 어려운 시기에 객지 생활을 하면서 서로 의지하고 지냈는데, 어느새 44년이란 세월이 흘렀습니다.

16년은 같은 직장을 함께 다녔고, 그후 28년 동안은 사업을 하면서 지속적인 만남과 교류를 가졌습니다. 친형제보다 아니, 제 아내보다 오랫동안 만나고 교류하는 유일한 사람입니다.

김찬모 대표가 본인의 일대기를 책으로 출간한다니 장하기도 하고, 대견스럽기 그지없습니다. 한없이 빈곤한 환경에서 잡초처럼 밟혀도 인동초처럼 강인한 김찬모 대표와 친형제처럼 지낸 지난날이 주마등처럼 스쳐 갑니다. 수많은 역경을 이겨내고 성공한 사업가로서 이제 주위를 둘러보고 나누며 봉사하는 모습에 큰 박수를 보냅니다.

앞으로도 초심 잃지 않고 승승장구하면서 거듭나기를 축원합니다.

(사)중소기업융합중앙회 명예회장·(주)경한코리아 회장 이 상 연

| 추천사 |

고귀한 나눔 봉사의 실천은 우리 사회에 놀라운 변화를 이끌어내고 있다. 청소년들을 지원하여 미래사회 발전의 역량을 키우고 있으며, 소외 계층에는 자립을, 장애인에게는 스스로 사회에 참여할 수 있는 기회를, 노인에게는 일자리와 건강을 찾을 수 있도록 하고 있다.

우리는 더불어 살고 있는 사회 구성원들이 지금보다 더 행복해지길 바라는 마음에서 나눔과 봉사를 실천한다. 지난 37년 나는 그것을 기업인으로서 지켜야 할 책무이자 사명으로 생각해 왔다. 본인의 참된 나눔과 베풂으로 후배와 동료 사업가들이 역경을 극복하고 산업 개발의 주역으로 성장하는 모습을 보는 것만큼 기쁜 일은 없었다.

이런 본인에게도 항시 닮고 싶은 사람이 있으니 바로 김찬모 대표이다. 이 책의 저자인 김찬모 대표는 아너소사이어티의 위상을 한층 높여준 분이다. 또한 본인과 함께 사회적 책임을 다하는 기업인으로서, 사회 리더로서 아무나 하지 못하는 고귀한 일을 실천하고 있다. 김찬모 대표는 이 책을 통해 '왜 고귀한 일을 멈추지 않고 지속해야 하는지'를 진솔하게 알려주고 있다.

경남사회복지공동모금회 회장·창원상공회의소 회장·(주)고려철강 회장 한 철 수

| 추천사 |

 계절의 여왕이자 신록의 계절인 5월, 김찬모 대표의 저서 출간을 진심으로 축하드린다.

 끊임없는 자기계발과 혁신이 요구되는 경제 전쟁의 시대에 김찬모 대표는 쉼 없는 배움과 증진을 실천하는 기업인으로 우리 모두의 모범이 되는 분이다. 김 대표는 국립창원대학교 11학번으로 입학한 보기 드문 만학도이다. 7년 전 진갑(進甲)을 앞두고 우리 대학교 경영대학에 입학한 김 대표는 2015년 2월 자랑스러운 학위를 받았다.

 사회와 소통하며 지역사회, 소외 계층을 향한 기부를 아끼지 않는 기부 천사로 정평이 난 그는 특히 우리 대학의 발전과 학생, 청년 창업가에게 지원을 아끼지 않았다. 김 대표는 비영리 사단법인인 경남청년창업석세스코칭협회를 설립하여 성공한 기업가가 후배 사업가를 코칭하고 지원하는 일에 여러 해 동안 앞장서 왔다. 이 때문에 그의 이름 앞에는 항상 '희망전도사'라는 수식어가 붙는다. 자신이 가진 열정과 노하우, 그리고 경험을 후배 기업가들에게 아낌없이 나눠 주는 'Give & Give'를 실천하는 김찬모 대표에게 진심 어린 격려의 말씀을 드리고 싶다.

 다시 한 번 김찬모 대표의 저서 출간을 축하드리며, 앞날에 무한한 발전과 축복이 가득하기를 기원한다.

창원대학교 총장 최해범

| 추천사 |

㈜부경 김찬모 대표님이 자신의 인생 역정을 담은 책을 출간하신다니 먼저 가장 큰 목소리로 축하의 말씀을 전하고 싶다.

내가 경남 지역 향토 방위를 책임지고 있던 때 김찬모 대표님이 국방 성금을 내시겠다고 육군 제39보병사단 사령부를 찾아오신 일이 있었다. 휴전선에서 북한군의 도발로 목함지뢰가 터져 장병 2명이 부상을 입은 사건이 발생한 직후로 2015년 9월 1일이었다.

"부상을 입은 장병 2명이 평생 군인으로 싸우겠다고 다짐하는 것을 뉴스를 통해 보고 국방을 걱정하는 국민의 한 사람으로서 외면할 수 없어 찾아 왔다"고 하시면서 거금을 기탁하셨다.

평생 군인으로 살아온 내게 나라에 대한 충성심과 국방을 지키는 일이 얼마나 소중한 일인지를 새삼 일깨워준 분으로 김찬모 대표님의 강직한 어조와 꿋꿋한 표정이 아직도 기억에 생생하게 남아 있다.

이후 김찬모 대표님과 나는 청년 일자리 창출 등을 위해 중소기업과 군의 업무 협약을 맺고 국가 발전을 위해 여러 일을 함께했다.

부디 많은 사람들이 《기브 앤 기브》를 읽고 김찬모 대표님의 열정과 남을 돕고 배려하며 살아온 멋진 삶을 배우길 희망한다.

육군 제6군단장 중장 김성진

| 추천사 |

    모든 사람들은 저마다의 생각으로 대한민국의 상징인 '태극기'를 바라보고 있을 것이다. 하지만 '태극기는 꼭 지켜야 한다'는 생각은 모두의 공통된 마음일 것이다. 태극기는 우리의 뿌리이며, 현재이고, 미래이기에 우리 모두는 태극기를 사랑한다.
    '개인의 운명은 국가의 운명을 뛰어넘지 못한다'는 말이 있다. 국가가 잘되어야 개인도 잘될 수 있다. 이 책의 저자인 김찬모 대표는 우리나라의 상징인 태극기와 대한민국을 누구보다 사랑하는 인물이다.
    저자는 '지금의 자신이 있을 수 있음은 국가로부터 큰 혜택을 받았기에 가능했다'라고 생각한다. 그래서 태극기와 함께 살아가는 대한민국의 모든 사람들에게 봉사하는 것을 사명으로 여기고 있다.
    저자에게 '봉사'는 선택이 아니라 의무이다. 군인 장병을 위해서, 보훈 대상을 위해서, 소외 계층을 위해서, 후학을 위해서 저자는 지금 이 순간에도 주고 또 주면서 희망을 쏘고 있다.
    김찬모 대표의 'Give & Give' 정신은 비인간성과 무책임함이 판치는 이 사회를 살아가는 우리에게 좋은 길잡이가 될 것이다.

경찰대학교 학장 치안정감 박진우

| 추천사 |

    김찬모 회장은 남다른 이웃 사랑과 실천으로 존경받는 창원의 기업인이다. 멀리 보는 혜안으로 창원의 항공 산업의 기반을 닦고 인재 육성에도 소홀하지 않은 그는 이 시대의 존경받는 인물이자 창원의 자랑임에 틀림없다.

    그는 매사를 사심 없이 추진한다. 개인적인 이익도, 공명심도 바라지 않는다. 그가 경영을 하고 있는 것을 보고 있노라면 공업(工業)이 아닌 공업(公業)을 하고 있음을 느낀다.

    그래서 김찬모 회장의 자서전 제목인 'Give & Give'처럼 여유가 있을 때마다 끊임없이 주위 사람들을 돕는다. 창신대학교를 비롯한 지역의 대학들과 고향 영주의 모교에도 큰돈을 쾌척하셨다. 경남청년창업석세스코칭협회를 만들어 창업을 준비하는 젊은이들을 조건 없이 지원하고 계신다.

    김찬모 회장이 지금까지 그러했던 것처럼 지역사회를 위해 더욱 헌신하며 주위 사람들로부터 사랑과 존경을 계속 받을 것을 믿어 의심치 않는다. 그의 도움에 언제나 감사드린다. 끝으로 김찬모 회장의 자서전 출간을 진심으로 축하드리며 기쁘게 생각한다.

창신대학교 총장 강정묵
강정묵

| 추천사 |

"대붕역풍비(大鵬逆風飛) 생어역수영(生魚逆水泳)".

"큰 새는 바람을 거슬러 날고, 살아 있는 물고기는 물살을 거슬러 오른다"고 했다. 친구 김찬모를 생각하면 떠오르는 말이다.

고강도 난삭재의 가공 시 열 변형으로 인한 불량을 불굴의 의지로 해결하고, 항공기 주요 부품을 가공하는 대붕(大鵬)으로 사는 사람이다.

있어도 못 나누는 인간들이 세상에 수두룩한데 'Give & Give'라니. 주고 또 주고, 또 베풀되 대가를 바라지 말라는 것. 부처님이나 가능한 인생을 산다.

이웃을 잘 만나야 한다고 들었다. 근묵자흑(近墨者黑)이라는 말도 있다. 이런 좋은 사람을 친구로 두어서 많이 듣고 배운다. 마음은 부자인 척하려 해도 빈 수레 같은 나를 꾹꾹 누르며, 김찬모라는 황새를 따라가는 뱁새의 하루는 버겁지만 즐겁다.

봄이 오는가 싶더니 어느새 여름 같다. 김찬모에게 안부와 감사를 보낸다.

경남대학교 대학원장 조기조

차례

프롤로그 | 나누면 배가된다 · 4
추천사 1 | 최충경(창원상공회의소 전 회장) · 8
추천사 2 | 이상연(중소기업융합중앙회 명예회장) · 9
추천사 3 | 한철수(경남사회복지공동모금회 회장) · 10
추천사 4 | 최해범(창원대학교 총장) · 11
추천사 5 | 김성진(육군 제6군단장) · 12
추천사 6 | 박진우(경찰대학교 학장) · 13
추천사 7 | 강정묵(창신대학교 총장) · 14
추천사 8 | 조기조(경남대학교 대학원장) · 15

CHAPTER 1 나눔으로 시작한 인생

가난 속에서 키운 꿈 · 21
나눔 DNA는 어머니의 선물 · 27
남다르게 보낸 학창 시절 · 33
중학생 때부터 생활 전선에 뛰어들다 · 37
기능인의 길을 걷다 · 44
뒤늦게 알게 된 스승님의 장학금 · 47
스승이 생각하는 김찬모 대표 · 52

CHAPTER 2 치열하게 살았던 젊은 시절

산업화의 역군이 되어 · 61
저 푸른 초원 위에 그림 같은 집을 · 65
안 돼? 그럼 김찬모 불러! · 69

민주화의 바람 속에서 흔들리다 · 72
인생의 동반자를 만나다 · 77
갑자기 닥친 3년간의 시련 · 85
기부로 받은 ㈜부경 · 90
친구가 생각하는 김찬모 대표 · 96

CHAPTER | 3 **대기업과 중소기업의 아름다운 동행**

자네는 할 수 있어 · 105
담대함과 용기로 얻은 기회 · 108
대기업의 아름다운 기술 이전 · 114
끝없는 실패와 도전 그리고…… · 119
대기업과 중소기업 상생의 길 · 124
기업가가 생각하는 김찬모 대표 · 128

CHAPTER | 4 **강한 중소기업의 힘**

기본부터 지켜라 · 137
하면 된다, 되니까 하라! · 141
국내 최초 항공기 엔진 부품 국산화 성공 · 146
국민의 4대 의무와 기업가의 의무 · 149
받은 만큼 나눠야 하는 의무 · 152
기업가정신이란 · 156
후배 기업가가 생각하는 김찬모 대표 · 160

CHAPTER 5 경계가 없는 Give & Give

기부문화를 만들려면 · 167
기부는 돌고 도는 것 · 172
직원을 위한 나눔 · 175
사회를 위한 나눔 · 180
청년 창업가를 위한 나눔 · 184
예술가를 위한 나눔 · 190
국가를 위한 나눔 · 194
가족이 생각하는 김찬모 대표 · 198
어느 날 일기에서 · 208

부록 | 언론 속 김찬모 대표 · 211
에필로그 | 혼자서는 행복할 수 없다 · 270

CHAPTER

1

나눔으로 시작한 인생

전문 작가도, 정계 유명 인사도,
그렇다고 대기업 총수도 아닌 제가
일기장만도 못한 글을 집필하며
혼자 울고 웃기를 3년……
하지만 스스로의 부족함을 반성하고 깨우치는
소중한 시간이었습니다.

살아온 시간을 더듬어보면
그저 아스라하고 감사할 뿐입니다.
이제 제게 남은 시간은 제 것이 아니라
온전히 이웃들을 위한 시간입니다.

부족한 글을 읽고 부디 김찬모에게
더욱 열심히 살라고 충고하여 주십시오.

가난 속에서
키운 꿈

바위가 많다 하여 바우실이라 불리는 마을. 소백산 자락의 나지막하고 너른 들에 자리 잡아 아름다운 사계절을 고스란히 느낄 수 있는 곳. 봄이면 발길 닿는 곳마다 분홍빛 복사꽃이 흐드러지게 피고, 여름이면 시원한 개울이 한더위를 식혀준다. 햇볕 쨍쨍한 한낮이 되면 아이들은 너 나 할 것 없이 옷을 훌러덩 벗어던지고 물에 뛰어들어 헤엄을 치고 물고기를 잡는다. 가을이면 곡식이 익어가는 들판은 노랗게 물들고, 겨울이면 꽁꽁 얼어붙은 논에서 썰매 타는 아이들 소리가 크게 울려 퍼진다. 그래서일까, 주로 농사를 짓는 마을에서 어린아이들마저 일손을 거들었던 힘든 시절이었지만 그때를 생각하면 아름다운 추억이 더 많이 떠오른다.

경상북도 영주군 장수면 갈산1리(지금은 영주시 장수면 갈산2리 180번지), 이곳 바우실 마을 가난한 농부의 집에서 나는 2남 4녀 중 넷째로 태어났다. 다른 아이들보다 한 해 늦은 아홉 살에 장수초등학교에 입학했는데, 학교가

경북 영주 바우실 마을에 있는, 내가 태어난 생가(초가집을 1995년에 개축했다)

멀리 떨어져 있어 매일 2킬로미터를 걸어서 등교해야 했다. 6년 동안 비가 오나 눈이 오나 먼 길을 꼬박 걸어 다니면서도 나는 학교에 다니는 것이 무엇보다 즐거웠다. 그 당시 시골 마을 아이들이면 누구나 그렇듯 나 역시 초등학교 때부터 아버지의 농사일을 곧잘 거들었다. 부모님께서 튼튼하게 낳아주신 덕분에 어릴 때부터 힘쓰는 일로 종종 보탬이 되었다.

 봄이 되어 땅이 녹고 따뜻한 기운이 퍼지기 시작하면 바우실 마을은 점차 바빠진다. 겨우내 소똥으로 만든 거름을 지게에 지고 날라서 논밭에 뿌리는 것으로 농사 준비가 시작되었다. 볍씨를 물에 담가 싹을 틔우고 모내기를 하기까지 모든 일은 사람 손을 일일이 거쳐야 했다. 벼를 심는 것으로 끝나는 것이 아니었다. 여름 내내 논물에 들어가 다리에 엉겨 붙은 거머리를 떼어내면서 잡초를 뽑아야 했고, 가을철 벼가 익기 시작하면 짚으로 만든 파대라는 딱총으로 이삭을 먹으려고 달려드는 참새 떼를 쫓아야 했다. 하루 종일 참새를 쫓느라 학교에 가지 못하는 날도 있었다.

농작물은 가뭄이나 홍수 등 날씨의 영향을 많이 받지만 그에 못지않게 농작물을 괴롭히는 것이 바로 잡초이다. 이 잡풀은 농작물을 감싸거나 덮어서 삭혀버리기 때문에 제때 뽑아주지 않으면 큰 피해를 입게 된다. 뿌리가 엉켜 잘 뽑히지도 않고 무성하게 자라는 잡풀은 다시 자라지 못하도록 뿌리까지 뽑아주어야 한다. 어릴 때는 잡풀을 뽑다가 하도 미워서 가루로 만들어버릴 듯이 호미로 연신 내려치기도 했다.

가뭄이 들어 뜨거운 햇빛에 농작물이 마르고 땅이 갈라지면 물동이를 지게로 져서 날라 직접 물을 주어야 했다. 물을 주면 마른 농작물이 마치 춤을 추는 것처럼 보이는데 농부의 마음도 그와 같을 것이다. 날은 어둑어둑해지고 물도 동나면 배고파서 우는 자식을 두고 떠나는 부모처럼 떨어지지 않는 발길을 애써 돌리는 것, 실수로 벼 한 포기를 밟아도 가슴이 아린 것이 바로 '농부의 마음農心'이다.

농사를 지어본 사람은 농작물이 얼마나 소중한지 온몸으로 느낄 수 있다. 그러니 농부의 마음이 어떤 거냐고 물어보면 달리 해줄 말이 없다. 제 손으로 일일이 심고 물을 주고 잡초를 뽑아주지 않고서는 알 수 없기 때문이다.

나는 초등학교 때부터 집안의 농사일을 도우며 학교에 다녔는데, 당시 집안 형편으로는 그럴 수밖에 없었다.

1968년 초등학교를 졸업할 무렵 공립 영주중학교에 입학하기 위해 시험을 치렀으나 떨어지고 말았다. 당시 영주중학교는 수재들만 들어갈 수 있다고 할 만큼 경쟁률이 높아서 중학교를 재수하는 아이들도 있었다. 영주중학교 명찰은 빨간색이었는데 다른 학교 학생들끼리 싸움이 붙으면 무조건 빨간 명찰을 달고 있는 학생 편을 들어줄 정도로 인기 있는 학교였다.

영주중학교에 들어가지 못한 나는 하루 종일 농사일을 도우며 보내야 했다. 당시는 나무로 불을 땠기에 매일 지게를 지고 땔감을 구하러 산에 올라가야 했다. 어느 날은 집에서 1시간이나 떨어진 산에까지 갔다 오기도 했다. 보통 오전에 한 짐을 해서 집에 들여놓고 점심을 먹고 나면 또 한 짐을 해서 날랐다. 매일 날 밝으면 온갖 농사일이며 집안일을 하고 어두워지면 잠들었다.

그렇게 반복된 생활에 지쳐 있던 어느 날, 아버지가 나무를 해오라고 하자 툴툴거리며 산에 올라가 나무 지게를 부러뜨려 불에 태워버리고 말았다. 매일 지고 다니던 그 지게가 마치 등에 붙은 귀신처럼 끔찍하게 느껴졌던 것이다. 그렇게 지게를 태워버린 날 밤, 나는 동네 형들 둘과 함께 가출을 했다. 그중 나보다 다섯 살 많은 권영열 형은 그 길로 강원도 탄광촌으로 들어가 돈을 벌어서 지금은 귀향해 살고 있다. 강학원 형은 서울 친척 집에 살면서 자동차 정비 기술을 배워 그 분야에서 계속 일하고 있다.

나중에 알고 보니 두 사람은 이전부터 집을 나올 준비를 하고 있었다. 틈틈이 콩이나 참깨 등을 팔아서 여비를 마련해 두었던 것이다. 충동적으로 가출한 나하고는 달랐다. 주머니에 돈도 없고 나이도 어렸던 나는 다시 집으로 돌아올 수밖에 없었다. 하지만 아버지께 혼날까 봐 집 안으로 들어가지는 못하고 집 밖의 나무 아래 한참을 숨어 있었다.

그러다 나를 발견한 어머니 손에 이끌려 집 안으로 들어가 아버지 앞에 무릎을 꿇었다. 한참 심하게 혼을 내시던 아버지가 왜 가출을 했느냐고 물었다. 나는 집안일이나 농사일이 지긋지긋하기도 했지만, 무엇보다 학교에 다니고 싶어서 그랬다고 말씀드렸다. 아침마다 내가 지게를 지고 산으로 올라갈 때 친구들은 신나게 자전거 타고 학교에 갔다. 그런 친구들을 볼 때마다 학교에 가고 싶어서 견딜 수가 없었다. 내가 허름한 차림으로 땀을 뻘뻘 흘릴 때 친구들은 여름이면 시원한 하복을 갖춰 입고, 겨울이면 따뜻한 동복에 멋들어진 모자를 쓰고 학교에 갔다. 나도 교복을 입고 학교에 가서 친구들과 함께 공부하고 싶었다.

혼을 내시던 부모님은 내 대답을 듣더니 한숨을 내쉬었다.

"네 마음은 알겠다만 집안 형편이 어려우니 어쩔 수가 없구나. 설령 합격을 한다 한들 무슨 돈으로 계속 다닐 수 있겠느냐?"

"아버지, 일단 보내주시면 제가 어떻게 해서든 다니겠습니다."

그날부터 나는 집안일에서 손을 놓고 공부에 매진했다. 영주중학교 입학시험에 다시 도전하기로 한 것이다. 몇 달 동안 열심히 공부한 결과 영주중학교에 당당히 입학했다. 1968년 12월의 일이다. 아마도 학교에 다니고자 하는 열망이 나를 붙들어 맨 듯하다.

사춘기와 함께 시작된 영주중학교 시절은 꿈도 추억도 많았지만, 한편으로는 가난으로 얼룩진 가슴 아픈 과거이기도 하다. 교복과 모자는 커녕 책을 살 돈도 없었다. 아니, 삼시 세끼를 모두 챙겨 먹을 수도 없었던 시절이었다. 처절하리만큼 가난한 살림에 학교에 다니는 것 자체가 사치였는지도 모른다. 어느 날은 옆집에 사는 지체장애우 부부가 남긴 밥을 얻어먹기도 했다. 부부는 곧잘 밥을 태워서 먹지 못하게 된 누룽지를 우리 집에 갖다 주곤 했다. 얼마나 배가 고팠던지 오직 그 누룽지를 먹을 희망으로 하루를 버티기도 했다. 하루 두 끼를 먹는 날은 그야말로 복 받은 날이었다. 고난의 시대를 배경으로 쓰여진 소설의 한 장면 같은 이야기들이 내 중학교 시절을 관통하고 있었다. 하지만 그런 가난도 공부하고자 하는 열망과 어린 마음에 품은 커다란 꿈을 꺾지는 못했다. 그리고 그런 열망이 좌절하려는 나를 번번이 일으켜 세웠다.

나눔 DNA는
어머니의 선물

어머니의 연세가 여든다섯 되던 해 우리 가족은 오죽헌으로 여행을 떠났다. 강릉과 오죽헌은 어머니가 죽기 전에 꼭 한 번 가보고 싶다고 하셨던 곳이다. 오죽헌은 다름 아닌 어머니가 가장 존경하시던 신사임당과 그 아들 율곡 이이가 태어난 곳이다. 어머니는 신사임당의 넋이 서린 곳에 가보고 싶으셨던 것이다. 형제들과 나는 어머니를 모시고 때 아닌 역사 여행을 떠났는데, 어머니께서 그토록 소원하시던 것을 이루어드릴 수 있어서 보람된 시간이었다.

어머니는 자신이 본받고자 했던 신사임당처럼 현모양처로 사신 분이다. 조선시대 유학자 퇴계 이황의 가문에서 태어난 어머니는 독학으로 한글을 익히실 정도로 공부에 대한 열의가 강했다. 그 시대에는 어느 집이나 남자들에게는 글을 가르쳤지만 여자들에게는 글을 가르치지 않았다.

그 시대에 보통의 집이 그렇듯 아버지는 나름대로 열심히 일하시기는 했으나 평생 가난에서 벗어나지 못하셨다. 더구나 아버지가 술을 좋아하신 탓에 어머니는 살림을 꾸려나가시기가 녹록지 않았을 뿐 아니라 마음고생도 심하셨다. 일제강점기에 증조할아버지가 독립자금을 마련해 만주에서 활동하는 독립군들에게 전달하는 일을 하셨으니 집안이 넉넉할 리가 없었다.

어릴 때는 아버지와 어머니가 살림 걱정을 하는 얘기를 종종 듣곤 했다. 초등학교 3학년 때 잠결에 들은 어머니와 아버지의 대화가 아직도 생생하게 기억난다.

"며칠 있으면 큰집 제사인데 어쩌죠? 아주버님 생신도 다가오고……."

어머니의 걱정스러운 얘기에 아버지는 아무 말씀도 하지 않으셨다.

"집에 보리쌀도 다 떨어져가는데……."

어머니가 계속 걱정하자 아버지가 한마디 하셨다.

"방앗간 집에 가서 사정 얘기를 하고 조금만 빌려달라고 하지그래."

"지난번에 빌린 것도 아직 다 못 갚았는데 어떻게 또 빌려달라고 하겠어요."

아버지는 아무 말씀 없이 한숨만 내쉴 뿐이었다.

보리쌀이 떨어질 정도로 살림이 궁해도 어머니는 큰집 제사나 집안 행사를 빠뜨리지 않고 챙겼다. 큰집 제사에 작은집은 고기와 술 등을 마련해서 보내는 것이 의례였는데 어머니는 단 한 번도 그것을 거르지 않았다. 가난한 살림에 아버지 생신에도 친척과 이웃사람들을 불러 모아 음식을 대접했다. 예전에는 엿장수들이 마을을 돌아다니면서 머리카락을 사가곤 했는데, 어머니는 집안일로 돈이 필요할 때마다 머리카락을 잘라서 파시곤 했다.

어머니는 빠진 머리카락까지 버리지 않고 모아두었다가 파실 정도로 알뜰하셨다. 어머니는 머리카락을 파실 때마다 엿을 조금 사서 우리 형제들에게 나눠 주셨다. 아직 철이 없었던 우리는 어머니 머리카락이 많이 빠져야 엿을 실컷 먹을 수 있겠다는 생각을 했으니, 참으로 눈물겹고 서러운 시절이었다.

하지만 어머니는 자식들에게 힘든 내색을 하지 않으셨다. 무심결에 부모님이 살림 걱정을 하는 얘기를 듣거나 한숨 소리를 들으면 나는 가슴이 답답해서 밤새 잠을 못 이루고 뒤척였다. 그러면 어머니는 내가 걱정하는 것을 알아채시고는 가만히 말씀하셨다.

"찬모야, 집안일은 어른들이 알아서 할 테니 너는 걱정하지 말고 그만 자거라."

비록 하루하루가 힘들고 없는 살림이었지만 어머니의 마음 씀씀이는 따뜻하고 풍요롭기 그지없었다. 어머니는 빈병과 헌옷을 모으고 머리카락까지 팔아서 식구들을 먹여 살리면서도 다른 사람들에게는 아낌없이 베풀었다. 그 시절에는 거지들이 집집마다 음식을 동냥하러 다니곤 했는데, 어머니는 보리밥이든 감자든 고구마든 끼니가 될 만한 것이 있으면 꼭 챙겨 보내셨다. 또 어쩌다 맛있는 음식이 조금이라도 생기면 꼭 잊지 않고 친척이나 이웃사람들과 나눠 먹었다.

한번은 어머니께서 쟁반에 먹을 것을 담아 이웃집에 가져다주라고 하셨다. 오랜만에 맛난 음식을 먹을 기대에 부풀었던 나는 순간 어머니에게 짜증을 냈다.

"어머니, 우리 먹을 것도 없는데 이웃집에 나눠 줄 게 어딨어요?"

그러자 어머니는 옅은 미소를 띠며 달래는 투로 말씀하셨다.

"찬모야, 늘 마음껏 배불리 먹고 싶은 마음 다 안단다. 하지만 맛있는 음식을 실컷 먹는다고 해서 마음까지 행복한 것은 아니란다. 비록 조금이지만 다른 사람들과 나눠 먹으면 배불리 먹은 것 못지않게 마음이 뿌듯하단다. 배 속은 허전해도 마음은 배부른 것이지. 그리고 이웃사람들도 먹을 것이 생기면 우리에게 주곤 하지 않니. 사람은 그렇게 서로서로 나누면서 살아야 하는 거란다."

우리 식구가 먹을 것도 부족한데 늘 남을 먼저 챙기는 어머니에게 화를 낸 적도 많았다. 심지어 내가 부모님 드리려고 귀한 것을 구해 와도 어머니는 이렇게 말씀하셨다.

"우리는 괜찮으니까 큰집 형한테 갖다 주거라."

"제가 부모님 드리려고 힘들게 구한 건데 왜 큰집 형을 줘요?"

"우리 집안 장손이잖니. 먼저 챙겨야지."

"장손이면 뭐 해요? 얼마 전에는 아버지한테 대들기까지 했다면서요. 그런 조카를 뭐하러 챙겨요? 그것도 이렇게 귀한 걸요."

"그래도 그러는 게 아니다. 그러면 못 써. 우리 큰집이잖니."

나는 볼멘소리로 더욱 언성을 높이며 말했다.

"어머니, 너무하세요. 자식이 부모님 드리려고 가져온 것까지 남을 주려고 하시다뇨. 더구나 장손이라도 아랫사람이잖아요. 윗사람이 먼저지 아랫사람이 먼저예요? 이 귀한 걸 왜 조카를 줘요?"

남을 먼저 생각하는 마음은 어머니의 천성이신 듯하다. 어릴 때부터

콩 한 쪽도 나눠 먹으면 즐겁다는 교훈을 주신 사랑하는 부모님(1982년도 촬영)

어머니의 한결같은 말씀과 행동을 듣고 보고 자란 나는 어머니의 마음 씀씀이를 그대로 물려받아 자연스럽게 나누는 습관이 몸에 배었다.

어머니의 타고난 성품과 평소 삶의 태도가 고스란히 나에게 전해진 것이다. 비록 어릴 때는 투덜거리고 때로는 화를 내기도 했지만 나는 그런 어머니를 늘 존경했다. 어머니의 나눔 DNA를 물려받은 것일까. 나 역시 다른 사람들과 무엇이든 나누며 사는 삶에서 즐거움과 보람을 느낀다.

태어날 때부터 가난하게 자라온 나는 오직 한 가지 생각뿐이었다. 부자가 되어야겠다는 것이었다. 무조건 돈을 많이 벌어서 어머니, 아버지를 편히 모셔야겠다는 일념으로 살아왔다. 어떻게 부자가 되겠다는 생각까지는 하지 않았다. 조금 컸을 때는 군인이 되어 별을 단 대장이 되면 큰돈을 벌 수 있을지도 모른다는 막연한 생각을 하기도 했다. 하지만 어머니 앞에서는 무조건 돈을 많이 벌어서 부자가 될 거라는 말을 한 번도 하지 않았다.

내가 웬만큼 경제적으로 안정이 되었을 때 어머니는 여유 있게 사는 나를 보시면서 가끔 물으셨다.

"찬모야, 앞으로 어떻게 살고 싶으냐?"

더 이상 어떤 말씀을 하시지는 않았지만 나는 생각했다.

'앞으로 어떻게 살아야 할까? 돈을 벌 만큼 벌었는데 이제 어떻게 해야 할까? 내가 가진 돈을 어떻게 해야 의미 있는 곳에 쓸까? 어떻게 부를 나눌까?'

이런 생각을 하기 시작한 것이 1999년부터였다. 그로부터 18년 동안 사회에 기부한 금액이 20억 원쯤 될 것이다. 주로 학교, 소외계층, 문화예술 분야에 지원하고, 청년 창업가들에게도 대가 없이 투자하며 멘토가 되어주기도 했다. 나중에 청년 창업가의 아버지로 불리며 더 많은 젊은이들에게 희망의 메시지를 전할 수 있으면 더 바랄 것이 없다.

어머니는 가진 것이 없을 때도 남한테 먼저 베풀며 살아오셨다. 하물며 그보다 많이 가지게 된 나는 더 많이 베푸는 것이 당연하다. 어머니한테 물려받고 보고 배우면서 익힌 나눔의 삶은 앞으로도 평생 계속될 것이다.

남다르게 보낸
학창 시절

1969년 3월, 1년 재수 끝에 그토록 다니고 싶어 하던 영주중학교에 입학했지만 학교생활은 결코 녹록지 않았다. 처음에는 영주 시내에 사는 친척 집에 기거하며 학교에 다녔다. 자취라고는 하나 영락없이 얹혀사는 신세였다. 농사를 짓는 집이어서 어른들은 늘 바빴기 때문에 밥하고 집안 청소는 내가 도맡았다.

더구나 같은 영주중학교에 다니는 친척 동생 뒤치다꺼리까지 내 몫이었다. 친척 동생은 내가 자기 집에 얹혀산다고 생각했는지 밥이 조금이라도 늦으면 짜증을 내고 사소한 일로 투정을 부리는 등 나를 함부로 대하기 일쑤였다. 비록 학교가 가까워서 좋기는 했지만 남 뒤치다꺼리까지 해가면서 학교에 다녀야 하나 싶은 마음에 수시로 자괴감에 빠지곤 했다.

7~8개월가량 친척 집에서 살림을 도우며 학교에 다니던 나는 결국

통학하기가 힘들기는 해도 집에서 다니는 것이 낫겠다고 판단했다. 그때 집에서 학교까지 거리가 5킬로미터쯤 되었다. 오후 5시 넘어서 수업이 끝나자마자 나는 서둘러 가방을 챙겨 집을 향해 뛰어갔다. 아무리 빨라도 집까지 1시간 30분 이상은 걸렸기 때문이다. 지금처럼 포장도로도 아니었고 가로등도 없었다. 해가 일찍 지는 겨울이면 걸어가는 도중에 어둑어둑해져서 오싹할 정도로 무섭기까지 했다. 다른 친구들은 대부분 영주 시내에 살거나 자전거를 타고 다녔기 때문에 나는 주로 혼자 걸어서 통학을 했다.

학교에서 집까지 하루에 왕복 3시간가량을 걸어 다녀야 했지만, 수업이 빨리 끝나는 날이나 오전 수업만 있는 토요일이면 집에 일찍 돌아와서 아버지의 농사일을 거들었다. 힘들게 일하시는 부모님을 나 몰라라 하고 공부에만 매달릴 수는 없었다. 해가 떠 있는 동안에는 어김없이 밭에 나가서 어둑어둑할 때까지 일을 하고 집으로 돌아왔다.

먼 거리를 통학하고 농사일까지 도우면서 1학년을 마쳤다. 그리고 2학년에 올라갈 때는 공부할 시간을 벌기 위해 자전거로 통학을 해야겠다고 생각했다. 고민 끝에 나는 아버지에게 넌지시 여쭤보았다.

"아버지, 자전거로 통학하면 시간이 절약되니 공부할 시간도 많아지고 농사일도 더 많이 거들 수 있을 것 같아요."

그러자 아버지께서 다짐하듯 말씀하셨다.

"자전거를 사주면 정말로 공부도 열심히 하고 집안일도 더 많이 돕겠단 말이냐?"

"그럼요, 아버지. 공부든 일이든 뭐든 열심히 할 수 있어요."

아버지는 백미 한 가마니를 판 돈으로 나에게 자전거 한 대를 사주셨다. 그때 백미 한 가마니의 값이 1만 3천 환이었다. 물론 새 자전거를 살 수 있는 돈은 아니었다. 나는 국산보다 훨씬 튼튼하다는 어른들의 말씀을 듣고 쓸 만하다 싶은 일제 후지 중고 자전거를 하나 골랐다. 비록 종종 고장이 나서 수리를 해가며 타기는 했지만 통학하기가 훨씬 편했다. 본전을 뽑고도 남을 만큼 타고 다녔을 것이다.

나는 매일 왕복 10킬로미터를 걸어 다니고 집에 와서는 농사일까지 도울 정도로 체력과 운동신경이 남달랐다. 학교에서는 매년 운동을 잘하는 아이들을 선발해서 군민체육대회에 내보냈는데, 2학년 때 나는 마라톤, 씨름, 원반, 투포환, 창던지기 다섯 종목에서 학교 대표 선수로 뛰었다. 씨름 선수가 마라톤까지 하기는 쉽지 않았다. 하지만 나만의 노하우로 씨름에서 1등, 마라톤에서 4등을 했다. 중학교 2학년이 16킬로미터 단축 마라톤에서 1시간 12분을 기록한 것은 놀랄 만한 일이었다. 운동이란 운동은 모두 섭렵하고 싶었던 나는 연식 정구도 하고 싶었지만 라켓을 살 돈이 없어서 포기해야 했다.

중학교 때는 공부보다 운동에 매진했던 시기였다. 그러다 보니 수업을 다 듣기가 쉽지 않았다. 오전에 4시간 수업을 하고 나면 오후에는 운동에 매달렸고, 집에 돌아오면 농사일을 하느라 숙제할 시간조차 없었다. 그때 운동을 하지 않았다면 훨씬 더 좋은 고등학교에 들어갔을지도 모른다.

운동을 많이 해서인지 중학교 때부터 몸이 탄탄하고 건강 하나는 자신 있었다. 추운 겨울에도 운동장을 몇 바퀴 돌고 나면 학교 뒤편 수돗가에서 냉수로 샤워를 하곤 했다. 쇠문고리를 잡으면 손이 쩍쩍 들러붙을 정도로 매서운 추위에 웃통을 벗고 몸에 찬물을 끼얹어도 전혀 추운 줄 몰랐다. 그때부터 시작한 냉수마찰은 15년간 계속 이어졌다. 비록 공부는 조금 소홀히 했지만 10대 시절 운동으로 다져진 체력 덕분에 지금까지 건강한 몸을 유지하고 있는 것이 아닌가 생각된다.

이때 냉수마찰은 건강을 생각하기보다는 너무나 힘든 역경과 고난에 대한 반감으로 나 스스로 강해지려는 마음에서 시작했다. 이런 습관으로 지금도 가끔 자신에게 실망스럽거나 스스로 마음을 추슬러야 할 때는 강한 운동이나 벅찬 등산 등으로 심신을 다스리곤 한다.

중학생 때부터
생활 전선에 뛰어들다

하루 끼니도 제대로 때우기 힘든 가정 형편에 중학교를 다니기란 결코 쉬운 일이 아니었다. 집안 형편은 좀처럼 펴지 않았고, 일주일에 등교하는 5일 중 2일은 도시락을 싸 가지 못할 정도였다. 이틀은 점심을 걸러야 했던 것이다. 아침을 먹고 점심 도시락까지 싸 가는 날이 있는가 하면 아침을 거르고 점심 도시락을 싸 가는 날도 있었다. 매일 하루 세끼를 챙겨 먹기도 힘든 나날이 중학교 때도 계속되었다.

도시락을 싸지 못한 날은 빈 도시락만 가방에 끼우고 등교했다. 그러면 뛰어갈 때마다 덜그럭덜그럭 빈 통 소리가 요란하게 났다. 소리가 나지 않도록 도시락에 종이를 넣고 다니기도 했다. 키가 커서 맨 뒷자리에 앉은 나는 점심시간이 되면 빈 도시락을 꺼내서 얼른 먹는 시늉만 하고 책상 서랍에 넣어놓았다.

너무 배가 고프면 운동장 한편의 수돗가로 달려가 수돗물을 벌컥벌

켁 들이마시고 물배를 채우기도 했다. 비록 점심을 거르기는 했지만 서럽다는 생각을 해본 적은 없었다. 때로는 친구들이 나눠 주는 도시락으로 점심을 때우기도 했다. 자기 밥을 절반이나 선뜻 덜어주는 친구도 있었다. 점심시간에 도시락을 열어놓고 젓가락만 깨작거리는 친구가 있으면 나는 슬며시 그 곁으로 다가갔다. 그러면 친구는 마치 기다렸다는 듯이 나를 보며 말했다.

"내 도시락 먹을래? 도시락 남기면 엄마한테 혼나거든."

그러면 나는 속으로 쾌재를 부르면서도 겉으로는 마지못한 척 친구의 도시락을 먹었다.

한창 먹을 나이에 도시락을 두 개 먹어도 성에 차지 않을 지경인데, 시내에 사는 친구들은 늘 풍족한지 종종 도시락을 남기곤 했다. 어쩌면 개중에는 나를 위해서 자신의 점심을 기꺼이 내준 친구도 있었을 것이다. 비록 배가 고파서 체면 차릴 것도 없이 친구의 도시락을 얻어먹기는 했지만, 그 모든 것도 지나고 나니 학창 시절의 추억이었다.

하루 세끼를 다 챙겨 먹어도 모자랄 나이에 운동까지 했던 나는 에너지 소모가 특히 더 많았다. 그때는 학교 대표 선수로 활동해도 특식을 따로 주지 않고 동그란 월남사탕으로 열량을 채우는 것이 전부였고, 가끔 옥수수빵이 나오면 그나마 허기진 배를 채울 수 있었다. 그렇게 운동을 끝내고 나면 죽어라 자전거 페달을 밟고 집으로 돌아왔다. 해가 뉘엿뉘엿할 때쯤 집에 도착해도 얼른 아버지가 일하는 들판에 나가서 대신 지게를 지고 오거나 산에 올라가 나무를 해서 오기도 했다. 지금 생각하면 어떻게 버텼나 싶지만 그것도 다 젊었기에 가능했던 일인 듯싶다.

까까머리 중학생 시절 친구들과 함께(왼쪽부터 故 정재호, 김덕원, 서영호, 임문태, 송노익, 필자, 故 유정열)

　중학교 2학년 때 선도부 차장을 하면서 빵을 먹을 기회가 많이 생겼다. 당시에 성적도 웬만큼 괜찮고 힘도 센 친구들이 선도부에 뽑혔다. 선도부 부장은 줄 2개, 차장은 줄 1개짜리 완장을 차고 다니면서 다른 학생들과 달리 점심시간에 교문 밖으로 나갈 수 있는 권한이 있었다. 점심시간에 학교 담장이나 울타리를 몰래 빠져나와 군것질하는 학생들의 이름을 적어서 선생님에게 제출하는 것이 선도부의 역할이기도 했다.
　빵집 앞에서 빵을 사 먹던 학생들의 이름을 적고 있으면 빵집 아주머니가 봐달라는 뜻으로 빵을 몇 개씩 주곤 했다.

그러던 어느 날 빵집 아주머니가 넌지시 말했다.

"점심시간에 아이들이 빵 사 먹는 거 눈감아 주면 안 되겠니?"

그러면 나는 단호하게 말했다.

"점심시간에 교문 밖으로 나오는 것은 교칙에 어긋납니다."

아주머니에게 빵을 얻어먹은 것이 못내 마음에 걸려서 한번은 이런 제안을 했다.

"아주머니, 제가 빵을 가지고 들어가서 한번 팔아보는 건 어떨까요?"

점심시간에는 선생님들도 교실에 올 일이 없으니 눈에 띄지 않을 것 같았다. 나는 빵집 아주머니가 담장 너머나 울타리 사이로 빵을 넣어주면 그것을 가지고 교실 앞 복도에서 아이들에게 팔았다. 아이들은 도시락보다 빵을 더 좋아했다. 돈이 없는 아이들은 외상으로 빵을 사 먹기도 했다.

그렇게 나는 점심시간을 틈타 빵을 팔아서 번 돈으로 학비도 내고 생활비도 마련했다. 다른 아이들이 하지 못하는 일을 할 수 있다는 생각에 의기양양하기도 했지만 한편으로는 부끄러운 마음도 있었다. 지금 생각하면 영주중학교 친구들이 남달리 착하고 의리 있었던 것 같다. 친구들이 도와준 덕분에 학교에 다닐 수 있었으니 말이다.

당시에는 기성회비와 육성회비를 내지 않으면 담임선생님이 회초리로 시퍼렇게 멍이 들 정도로 엉덩이를 때렸다. 어린 학생에게 돈이 없으면 학교에 다니지 말라는 험한 말을 하기도 했다. 수업료를 제때 내지 못하면 교장 선생님께 불려 가기도 했다. 교장 선생님은 학생의 귀를 잡아당기면서 사납게 호통을 치셨다.

"이 녀석, 또 육성회비 안 냈구나? 학교가 공짜로 공부하는 곳인 줄 알아?"

그러면 아이들은 속상한 마음인지, 아니면 억울한 심정인지 눈물을 뚝뚝 흘렸다. 돈이 없는 것도 서러운데 야단을 맞고 매를 맞는가 하면 복도에 1시간씩 서 있거나 꿇어앉아 손을 들고 있기도 했다. 가난하다는 이유로 벌을 받던 시절이었다.

나는 굴욕적인 일을 당하고 싶지 않아서 더 열심히 빵을 팔아 학비를 모았다. 점점 요령이 생기자 저녁에는 빵뿐 아니라 엿이나 찹쌀떡도 함께 팔았고, 인근에 자취하는 고등학생 누나들을 상대로 장사를 하기도 했다. 어릴 때부터 그런 경험을 쌓은 것이 사회에 나와 비즈니스와 마케팅을 하는 데 밑천이 되었으리라 믿는다.

빵을 파는 일은 중학교 3학년이 되면서 그만두었다. 고등학교 진학 준비를 해야 했기 때문이다. 아버지는 어디서 듣고 오셨는지 철도고등학교에 진학하라고 하셨다. 전액 국비로 다닐 수 있기 때문에 학비 걱정을 할 필요 없다는 것이었다. 나는 담임선생님을 찾아가 철도고등학교에 원서를 써달라고 했다. 하지만 선생님은 내 성적으로는 어림도 없다고 말씀하셨다. 그때부터 나는 공부에 매진하기로 결심했다. 그리고 공부할 시간을 벌기 위해 학교 근처에서 다시 자취를 시작했다.

학교 울타리에서 반경 50미터 내에 있는 집은 방값이 너무 비쌌다. 그런데 예외적으로 싼 집이 하나 있었다. 바로 농아 아들과 어머니가 함께 사는 집이었다. 사람들은 장애인이라는 이유로 그 집을 기피했지만 나는 개의치 않았다. 나는 김석원, 정욱교란 친구들과 함께 그 집에 들어가서 3학년 한 해 동안 자취를 했다. 김석원은 나중에 대기업 임원으로 근무하다가 퇴직했고, 정욱교는 육군3사관학교를 나와 평생 군인으로 재직하다 예편했다.

그때 나에게는 또 다른 장삿거리가 있었다. 진학사라는 출판사에서 펴낸 입시 관련 참고서 《합격생》을 판매하는 일이었다. 250원짜리 책 한 권을 팔면 50원을 판매비로 주었는데, 10권을 팔면 장학금 명목으로 500원을 한 번에 주었다.

하지만 그 일은 아무나 할 수 있는 것이 아니었다. 학교를 통해 공식적인 절차를 밟아야 했다. 먼저 진학사에서 책을 판매할 학생을 추천해 달라는 공문을 학교에 보냈다. 그러면 선생님이 학생들에게 책을 판매해 보고 싶으면 따로 교무실로 찾아오라고 했다. 나는 주저하지 않고 맨 먼저 선생님을 찾아갔다.

"선생님, 제가 책을 한번 판매해 보고 싶습니다."

"할 수 있겠니?"

"네, 자신 있습니다."

"그래, 그럼 성적이 몇 등이나 되는지 한번 볼까?"

책을 판매하려면 일정한 등수 안에 들어야 하고 학교 추천도 받아야 했다. 다행히 그 조건을 충족한 나는 책을 판매할 기회를 얻게 되었다.

시험 삼아 조금씩 해보던 나는 급기야 진학사로부터 임명장을 받을 정도로 판매 실적을 올렸다. 한 달 만에 50권이나 팔았던 것이다. 3개월 동안 책을 팔아서 모은 돈은 육성회비를 내고도 남을 정도였다. 군것질거리를 사고 다른 것도 할 수 있을 정도로 벌이가 쏠쏠했다. 몇 달 뒤에는 다른 중학교 학생에게도 판매할 수 있게 해주었다. 내가 임명한 아이가 한 권 팔 때마다 50원의 수익이 나에게 생겼다. 비록 학비를 벌기 위한 고육지책으로 시작했지만 중학생이 그 정도의 판매 실적을 올렸으니 비즈니스 수완이 남달랐던 것 같기도 하다. 그렇게 해서 다른 아이들과 달리 돈을 벌면서 공부를 해야 했던 중학교 시절이 끝나 가고 있었다.

잊지 못할 에피소드도 많았고 눈물겨웠던 일화도 참으로 많았지만 '젊어서 고생은 사서도 한다'는 속담처럼 살았던 시절이었다.

기능인의
길을 걷다

학비 전액을 국비로 지원받을 수 있었던 철도고등학교 진학의 꿈은 끝내 이루지 못했다. 중학교 3학년 때 성적이 그에 못 미쳤던 것이다. 전교 420명 중 50등 이내에 들어야 했으나 학비를 벌면서 학교에 다니고 집안일까지 도와야 했던 나는 여러 가지 형편상 커트라인을 통과하지 못했다.

그 대신 영주제일고등학교(구 영주종합고등학교) 기계과(4회)에 입학해 기능인의 길을 가게 되었다. 실업계 고등학교에서는 교과서 공부보다 기능 실습을 위주로 배웠다. 일주일에 실습 시간이 11시간으로 가장 많았고, 수학은 1시간밖에 없었기 때문에 실습만 열심히 하면 반에서 10등 안에 들 수 있었다. 초등학교를 1년 늦게 들어간 데다 1년 재수를 하고 중학교에 들어간 나는 동기들보다 나이가 더 많았다. 같은 학년 동기들은 친구가 아니라 동생인 셈이었다.

영주제일고등학교에 다닐 때 교련 훈련을 하는 모습(앞줄 맨 오른쪽이 필자)

    고등학교에 진학한 이후에도 여전히 학비는 내 손으로 마련해야 했다. 나는 중학교 때처럼 진학사에서 만든 《진학》이라는 참고서를 판매하는 일을 계속했다. 하지만 실업계 고등학교에서는 책이 팔리지 않았다. 대학 진학을 준비하는 학생들이 거의 없었기 때문이다. 결국 한두 달 뒤에 나는 책을 모두 반납하는 것은 물론 부족한 돈을 변상해야 했다.

    다행히 담임선생님이 내 가정 형편을 아시고는 공구실 당번 일을 주어 조금이나마 장학금을 받을 수 있었다. 그러나 2학년에 올라가서는 그 일마저도 나보다 형편이 더 어려운 학생에게 넘겨주어야 했다.

    고등학교 때는 어린 마음에 친구들과 의리를 쌓으면서 어울리느라 수업을 빼먹기도 하고 농땡이를 부리기도 했다. 그러면서도 1, 2학년 때 선도부를 맡아서 활동했고, 고등학교 3학년 때는 뜻하지 않게 반장에 임명되었다. 담임이었던 박명호 선생님은 부족한 나에게 과감히 반장을 맡기셨는데, 지금 생각하면 나름대로 뜻이 있으셨던 듯하다. 대학 졸업 후 일찌감치 교편을 잡으신 선생님은 야생마 같은 나를 잘 길들이면 되레 다른 아이들까지 잘 통솔할 수 있으리라 믿으신 것 같았다.

내가 선생님 대신 반 아이들을 잘 통제하고 이끌 수 있다고 여기신 것이다. 선생님은 내가 잘못을 해도 야단을 치기는커녕 번번이 내 편을 들어주셨다. 선생님께 칭찬을 받기 시작하자 조금씩 선생님께 잘 보이고 싶은 생각이 들었다. 그러다 점차 나는 3학년 내내 선생님 말씀을 잘 듣는 모범생으로 거듭났다. 선생님은 모범생도 아니고 보잘것없는 나를 아껴주셨다. 그리고 나는 그런 선생님의 기대에 부응하고자 열심히 노력했다. 선생님의 칭찬과 믿음이 학생의 마음을 바꾼 것이다.

박명호 선생님은 참으로 남다른 분이셨다. 선생님은 실습 작품만으로 우리를 평가하지 않으셨다. 기능 점수와 더불어 아이들의 인성까지 참고해 후한 점수를 주셨다. 성적으로만 아이들을 대하지 않으셨던 것이다. 선생님은 실업계를 다니면서 거칠게 행동하는 아이들이 사회에 나가서 올바로 살아갈 수 있도록 먼저 이해하고 보듬어줌으로써 정서를 함양하는 데 무엇보다 신경 쓰셨다.

뒤늦게 알게 된
스승님의 장학금

　영주제일고등학교 3학년 때의 일이다. 우리가 고등학교를 다닐 당시에는 학생회장에게 별도의 장학금이 지급되었다. 무엇보다 장학금이 절실했던 나는 주저 없이 학생 회장 선거에 나섰다. 나는 부모님이 육성회비로 내라며 주신 돈까지 모두 써가면서 선거운동을 했지만 단 두 표 차이로 낙선하고 말았다. 그런데 내 이름을 '박찬모'라고 적은 표가 두 표였다. 선거운동치고는 어설프기 짝이 없기도 했지만, 이름을 잘못 표기해서 낙선한 것 또한 어이없는 일이었다. 비록 부회장이 되기는 했지만 어차피 장학금을 받지 못하는 자리이니 나에게는 큰 의미가 없었다. 학생 회장 선거에서 아깝게 떨어지고 난 뒤 실망한 나는 사흘 동안 등교하지 않았다. 자취방에서 하릴없이 빈둥거리고 있는데 담임선생님께서 찾아오셨다.
　"찬모야, 학생이 학교에 나와야지, 이러고 집에 있으면 어떡해?"

영주제일고등학교 40년 후배들과 함께 교목 앞에서(2015년 졸업 40주년)

"선생님, 저 이제 학교 그만 다니려고요. 학비가 없어서 학교에 다니고 싶어도 그럴 수가 없어요."

"이 녀석아, 그렇다고 선생님한테 상의 한마디 없이 학교에 안 나오면 어떡해. 학비 걱정은 하지 말고 학교에 나오렴. 원래 장학금은 학생회장에게만 지급하는데, 이번에는 특별히 부회장까지 주기로 했단다."

"부회장한테도 장학금을 준다고요? 정말이에요?"

"그럼, 정말이고말고."

그렇게 해서 나는 중도에 포기할 뻔한 학업을 계속하게 되었고, 무사히 고등학교를 졸업할 수 있었다.

실업계 학교는 3학년 1학기를 마치고 2학기에는 기업체에 현장 실습을 나갔다. 그때 담임선생님께서는 서울에 있는 공장을 소개해 주셨다. 서울에서 6개월쯤 현장 실습을 하고 2월이 되어 졸업식에 참석하기 위해 학교를 방문했다.

졸업식에 모인 친구들은 저마다 학생 티를 조금은 벗고 제법 의젓한 모습이었다. 사회생활을 하다가 몇 개월 만에 친구들을 만나니 반갑기 그지없었다. 우리는 오랜만에 다시 학생으로 돌아가서 즐겼다. 여느 졸업식 풍경이 그랬듯이 서로에게 밀가루를 끼얹고 교모를 던지고 기념사진도 찍었다. 마지막으로 교정을 나오기 전 선생님들께 인사를 드리러 교무실로 들어갔다.

나는 먼저 3학년 담임이셨던 박명호 선생님께 인사를 올렸다.
"선생님, 고맙습니다. 사회생활 열심히 하겠습니다."
"그래, 늘 최선을 다하고 큰사람이 되거라."
그렇게 말씀하시는 선생님의 눈시울이 조금 붉어졌다.
나도 콧등이 시큰해지는 것을 느꼈다.
말을 잇지 못하고 가만히 서 있는데, 2학년 때 담임이셨던 이태주 선생님께서 내 어깨를 툭 치시며 말씀하셨다.
"김찬모, 학교 떠나기 전에 네가 알아둬야 할 게 하나 있다."
"그게 뭔데요?"
"3학년 때 네 학비 말이다, 그거 박 선생님이 내주신 거야."
"네? 선생님이오?"
"다른 건 몰라도 그건 네가 알아야 하지 않겠니."

그 순간 내 눈에서 눈물이 왈칵 쏟아졌다. 나는 아무 말도 하지 못하고 눈물만 흘릴 뿐이었다. 나는 박명호 선생님이 말씀하신 대로 학교에서 장학금을 주었다고 생각했다. 나에게는 장학금이라고 말하고 선생님 돈으로 내 학비를 대신 내주신 것이었다. 나는 그 사실을 꿈에도 눈치채지 못했다. 선생님의 가르침만으로도 송구스러울 지경인데 학비까지 받았으니, 나는 몸둘 바를 몰랐다.

"이 선생은 왜 쓸데없는 말을 해서는……"

"박 선생도 참, 애도 알 건 알아야지. 이제 졸업하면 학교에 올 일도 없을 텐데."

"다 지난일인데 새삼 뭐하러……"

선생님이 오히려 멋쩍어하셨다.

담임이셨던 박명호 선생님께서 학비를 내주시지 않았다면 나는 어떻게 되었을까? 아마도 고등학교를 끝까지 마치지 못했을 것이다. 학교를 중도에 포기하고 집으로 돌아갔다면 아버지를 도와 계속 농사를 지었을 것이다. 학교를 졸업하지 못한 것을 못내 아쉬워하면서 말이다.

그때 나는 결심했다. 선생님의 은혜와 감사하는 마음을 평생 잊지 않겠다고 말이다.

고등학교를 졸업하고 점차 직장 생활에 적응하고 나서 나는 매년 스승의날이면 빠짐없이 박명호 선생님께 감사하는 마음을 담아 꽃바구니를 보냈다. 선생님께서 교육 현장을 떠나신 뒤에도 매년 5월 15일이면 선생님을 모시고 친구들과 함께 재롱잔치를 열었다. 2017년 5월 15일 스승의날에도 대구에서 영주제일고 동기들과 후배들이 모여 고등학교 은사님 네 분을 모시고 재롱잔치를 열었다. 제자들이 스승님들을 위해 마련한 재롱잔치는 올해로 25번째를 맞이한다. 나에게 선생님은 하늘 같은 은혜를 베풀어주신 분이다. 그런 분들을 평생 잊지 않는 것이 사람 된 도리라고 생각한다. 매년 스승의날을 맞아 우리가 마련하는 재롱잔치는 은사님들께서 살아 계신 동안 계속될 것이다. 비단 스승의날뿐만이 아니다. 우리는 틈나는 대로 은사님들을 찾아뵙고 함께 맛있는 음식을 먹기도 하고 여행을 떠나기도 한다. 그 모든 것이 선생님께서 베풀어주신 은혜를 잊지 않기 위함이다.

　나는 지금 장학회를 만들어 학비가 없어 공부하기 어려운 학생들에게 장학금을 지급하고 있다. 철없고 힘든 시절 큰 힘이 되어주신 박명호 선생님의 은혜에 조금이나마 보답하는 길은 내가 받은 만큼, 아니 그 이상을 어려운 학생들에게 베푸는 것이라고 생각한다.

스승이 생각하는 김찬모 대표

박명호 선생님

"성공하면 과거를 잊고 사는 사람들이 많아요.
하지만 김찬모 대표는 잊지 않고 받은 만큼 돌려주죠.
그만큼 자신을 내려놓으니, 저런 사업도 할 수 있는 거죠."

2015년 5월 스승의날에 박명호 선생님과 함께. 가정 형편이 어려웠던 영주제일고등학교 시절 3학년 담임선생님이셨던 박명호 선생님은 항상 나를 물심양면으로 도와주시고 든든한 버팀목이 되어주셨다.

- 중소기업을 훌륭하게 이끌고 있는 김찬모 대표님의 자서전 집필을 위해 인터뷰를 하는 과정에서 은혜를 베풀어주신 분이라는 이야기를 듣고 큰 감동을 받아 직접 한번 뵙고 싶었습니다.
우리 김 대표가 책을 내는군요. 그런데 나에 대해서는 조금 과장해서 말했을 거예요.

- 선생님의 도움으로 고등학교를 마칠 수 있었다고 하셨습니다. 평생 잊지 않고 갚아야 한다면서요.
그렇게 얘기할 정도는 아닌데, 거참······.

- 김 대표님께서는 평생 잊을 수 없는 일이지요. 더구나 남들에게 베풀고 사랑을 나눠 주는 계기를 마련해 주신 분이니까요.
1970년대 전반기였던 당시에는 넉넉한 집안이 별로 없었어요. 온 나라가 가난했으니까요. 중학교와 고등학교까지 공부하기가 농촌 가정에서는 좀처럼 쉽지 않은 일이었죠. 그때는 공납금이라고 했어요. 현금으로 내야 하니 마련하기가 쉽지 않았죠. 영주 시내에 집이 있으면 학교가 가까워서 그나마 나은데 멀리 떨어진 시골에서 유학을 하려니 보통 어려운 게 아니었죠. 누구나 다 어렵고 고생하던 시절이었는데, 김 대표는 뭔가 남다른 학생이었어요.

- 김 대표님의 어떤 점이 남달라 보이셨나요?
지금의 남다른 결과만 놓고 봐도 알 수 있지요. 성공하면 과거를 잊고 사는 사람들이 많은데, 김 대표는 잊지 않고 받은 만큼 돌려준다는 거예요. 부는 나눈 만큼 돌아오는 거예요. 바퀴가 굴러가야 앞으로 나아갈 수 있듯이 부와 나눔이 끊임없이 순환되어야 더 크게 나아갈 수 있는 겁니다. 김 대표가 그만큼 자신을 내려놓으니 저런 사업을 할 수 있는 거예요. 보통은 오직 성공이 목표다, 내 이익만 취하겠다 하는데, 김 대표는 공장을 시작하자마자 후배들을 데

려다 일자리를 마련해 주었어요. 초창기부터 보아와서 잘 알아요. 그렇게 하니까 후배들이 몸을 바쳐 일하는 거예요. 본인을 위해서도 그렇고, 선배와 사장을 위해서도 그렇고. 이렇게 서로 맞물려야 순조롭게 돌아가는 거잖아요. 그런 점에서 김 대표가 사회활동도 많이 하고요.

- 선생님께서 대표님의 담임을 맡았을 때는 이미 결혼을 하셨죠?
그럼요, 벌써 결혼했죠. 김 대표가 얘기했는지 모르겠지만 영주 고향 후배 규수와 결혼했습니다, 하하.

- 그 당시에는 한 가정을 일구시기에도 녹록지 않았을 텐데 형편이 좋지 않은 학생들까지 챙기셨군요.
형편이 되는 대로 한 거예요. 그때 시골 학교는 어디나 비슷했어요. 특히 실업계 학교는 어느 지방이나 마찬가지였지요. 머리 좋고 인성 좋고 자질이 훌륭한 사람들은 사범학교로 몰렸죠. 초등학교 선생님으로 빨리 사회생활을 할 수 있었으니까요. 서로 가려다 보니 거의 수재들만 들어갔어요. 그렇게 지방의 많은 인재들이 초등학교 교사의 길을 가면서 더 큰 꿈을 펼치지 못했어요. 사범학교를 졸업하고 선생님이 되면 현실에 안주하게 마련이죠. 부모님을 봉양하고 동생들 뒷바라지를 하다 보면 10년은 금방 지나가죠. 공고도 그와 비슷했어요. 꿈이 있으니 공부는 해야겠는데, 가정 형편이 받쳐주지 못하니 인문계 고등학교는 가지 못하고, 대신 실업계 학교에 들어가 기술을 배워 곧바로 취직할 생각이었던 거죠.

- 김 대표님 담임은 1년 동안 하신 건가요?
김 대표 고3 때 1년 동안 담임을 했어요. 그때 정부에서는 중화학공업 시책에 따라 인재를 육성하는 차원에서 공업학교 시설을 확장하기로 했어요. 그런데 돈이 없으니 미국에서 차관을 들여왔고, 영주종합고등학교가 그 대상으로 선정되었지요. 그 돈으로 실습장을 짓고 각종 실습 기자재들을 들여와서 김 대표 세대가 처음 혜택을 받았어요. 그래서 그때 현대적인 공업학교가 된 거예요.

- 그때 학교를 졸업한 사람들 중에 지금 중소기업 대표가 된 분들이 많은 거죠?
그렇기도 하고, 김 대표보다 3년 선배들 가운데도 인재가 많았어요. 비록 학교에서는 열악한 환경에서 공부했지만 사회에 나가 스스로 개척해서 성공을 이룬 거예요.

- 선생님은 얼마나 교직에 몸담으셨나요?
영주공고에서 10년 재직하다가 경북기계공고를 거쳐 대구공고에서 20년을 가르치고 명예퇴직을 했어요. 다른 교사들보다 일찍 퇴직한 셈인데 교직 생활은 34년간 했지요.

- 그런데 퇴직 후에도 제자들이 계속 찾아오는 것을 보니 학생들에게 좋은 선생님이셨던 것 같습니다.
학생들이 선생님을 잊지 않고 찾아오기가 쉬운 일은 아니죠. 김 대표는 지금까지 한 번도 거르지 않고 찾아주니 오히려 내가 더 고맙죠. 아마도 어려운 시기에 가르치고 배우면서 동병상련의 심정도 있지 않았을까 싶어요. 1980년에 기회가 있어서 100일 동안 미국 연수를 다녀온 적이 있어요. 미국 사람들은 웬만한 기계는 공짜로 주곤 했죠. 하지만 조건이 하나 있었어요. 자기들 배로 실어가고 자기들한테 기름을 사라는 것이었죠. 그리고 직접 와서 기술을 배워가면 항공료, 교통비, 숙식비, 교재비, 그리고 이론과 실기를 가르치는 엔지니어와 교수들 인건비까지 모두 부담하겠다는 거예요. 하지만 설비를 싣고 오는 운임과 기름값은 직접 내라는 거예요.
소위 무상 지원같이 보였으나 운임과 사후 관리 등에 들어가는 비용이 만만찮아서 결국 배보다 배꼽이 큰 것이나 다름없었지요.

– 그러면 어차피 또 빚을 지게 되겠군요?
그렇죠. 그래도 필요하니까 돈을 부담해서 설비를 들여왔고, 나도 미국에 가서 기계 운전 방법을 배우고 돌아왔죠. 그때 보니 이 친구들이 모두 창원에 내려가 있더라고요. 그때도 김 대표가 창원에 있는 동문들을 전부 불러 모아 미국에 다녀온 이야기를 해준 적이 있어요. 지금 김 대표의 공장이 돌아가는 것을 보면 확실히 김 대표가 배짱도 있고 의리 있게 잘하는구나 싶어요. 하여튼 그때부터 지금까지 30년 가까이 매년 스승의날이면 어김없이 꽃다발을 들고 학교에 찾아와 같이 식사하며 얘기를 나눴어요. 나뿐 아니라 함께 일하던 선생님들까지 모셨으니 그게 보통 일이 아니잖아요. 그때 김 대표가 월급쟁이였는데도 그렇게 했으니 참 대단하다 싶네요.

– 30년 전이면 김 대표님이 부경을 맡기 전이군요.
그럴 거예요. 김 대표가 학교 다닐 때도 큰일을 도맡아 하고 앞장서서 혼자 책임지는 것도 마다하지 않았어요. 혼자 힘들기도 했겠죠. 하지만 그때부터 리더십이 있었던 것 같아요. 시골에서 도시로 유학 와서 혼자 생활하다 보면 방만해지거나 나태해지고 자칫 비뚤어질 수도 있는데 말이에요. 사회에 나가서도 잘 이끌어가고 있으니 그저 대견할 뿐이에요.

– 김 대표님이 공부를 잘하는 학생이었나요?
비교적 잘했어요. 혼자 자취하면서 학비도 마련하고 집에 가서는 농사일도 도와야 하는데도 나름대로 최선을 다했죠.

– 다른 학생들보다 2년 늦었으니 좀더 성숙했겠군요.
철이 들어 있었죠. 동기들보다 두 살 더 많았으니까요. 그러니까 성격도 대범하고 리더십도 있었어요. 더구나 일류 중학교를 나오기도 했고요. 친구들이 모두 동생 같으니 리더십을 발휘하기는 좋았지만, 다른 한편으로는 자신이 모두 감싸 안고 책임을 져야 할 때도 많았을 거예요.

- 김 대표님 인터뷰를 하면서 선생님도 뵙고 싶었는데 오늘 시간 내주셔서 정말 고맙습니다. 앞으로도 오랫동안 건강하게 김 대표님과 좋은 인연 이어나가시기를 바랍니다.

오늘 즐거웠어요. 우리 김 대표 하는 일 모두 잘되고 책도 좋은 결과 있기를 바랄게요.

왕초롱이

큰 눈망울이 뱅글뱅글 돈다.
뚫어지게 쳐다본다.
날 잡아먹으려나!
아니!
날 봐주려나!
처분만 바란다.
파리 목숨이나 이 목숨이나
같은 거 아닌가….

– 김찬모
  어려운 중소기업의 현실을 탄식하며

CHAPTER

2

치열하게 살았던
젊은 시절

산업화의
역군이 되어

　1974년 8월 4일, 야간열차에 몸을 싣고 밤새 달린 나는 새벽녘 청량리역에 도착했다. 낯선 서울 생활이 시작된 것이다. 역 앞에서 버스를 타고 뚝섬 부근인 성동구 성수동 2가에서 내렸다. 내가 일하게 될 곳은 국제전광사(지금의 ㈜한화)라는 중소기업이었다. 병역특례지정업체였기에 산업기능요원으로 일정 기간 근무하면 병역의무를 대체할 수 있는 회사였다.

　여기서 나는 표면상 괘종시계 만드는 일을 했다. 대외적으로 이 회사는 괘종시계 업체로 유명했지만 사실상 군수장비 국산화에 앞장선 방위산업체였다. 예나 지금이나 방위산업체는 보안이 철저하게 유지되었다. 당시에는 관련 기술을 개발하면 미국의 승인을 받아야 했다. 그래서 대부분 미국에서 만든 도면을 가져다 국방부 지휘하에 군수장비의 국산화를 진행해 나갔다.

　첫 월급은 1만 2천 원이었다. 잔업을 아무리 많이 한다고 해도 별도의 수당을 더 주지는 않았다. 당시 뚝섬 부근의 하숙비가 1만 3천 원이었다. 말하자면 하숙비도 충당하기 힘든 급여를 받은 것이었다. 근로기준법에는 당연히 시간외수당을 주도록 명시되어 있었겠지만 그것을 지키는 회사는 거의 없었다. 이제 막 사회생활을 시작한 나는 뒤늦게야 그 사실을 알았지만 어떻게 할 수는 없었다. 하루 세끼를 먹는 것만으로도 행복하고, 끼니를 거르지 않는 것만으로 다행이라고 생각하던 시절이었으니 더 말할 것도 없었다.

아침을 먹고 나서 하숙집에서 싸준 도시락을 들고 회사로 출근했다. 저녁에는 으레 서너 시간 잔업을 하게 마련이었는데, 주어지는 것은 빵 하나와 우유 하나가 전부였다. 물론 야근 수당은 없었다. 작업 물량이 쌓이면 밤새워 일하기도 했는데, 철야 근무를 해도 짜장면 한 그릇을 사 먹을 수 있는 식권 한 장 외에 별도의 수당은 전혀 없었다. 밤 12시가 되면 또다시 빵과 우유가 지급되었고, 밤새워 일하고 나면 아침에 또 빵과 우유를 지급했다. 어리고 신출내기였던 나는 열악하고 혹독한 근무 환경에서도 묵묵히 일할 수밖에 없었다.

그러다 2년 뒤 정부에서 각지에 흩어져 있던 방위산업 업체들을 모아 창원국가산업단지를 조성했다. 내가 근무하던 국제전광사도 창원공단으로 이전하게 되었다. 그렇게 해서 1976년 봄에 나는 회사를 따라 경남 창원으로 내려왔다.

창원 공장은 3만여 평(99,173제곱미터) 부지에 공장 넓이만 7천 평(23,140제곱미터) 규모였다. 서울에 있던 공장은 부지까지 합쳐봐야 1천 평(3,305제곱미터) 남짓이었으니 거의 30배 가까이 커진 것이다. 하지만 우리가 이전했

1978년 첫 직장이었던 (주)국제전광사에 근무하던 시절 사무실에서

치열하게 살았던 젊은 시절

을 때 창원 공장은 미처 지붕을 올리지도 못한 상태였다. 직원들이 지붕 덮는 일까지 했는데, 밤에 공장 한쪽에서 자려고 누우면 별이 보였다. 비가 오지 않은 것이 다행이었다. 물량이 늘어나고 공장 규모가 커지자 구내식당까지 갖추게 되었다. 점심을 공짜로 먹을 수 있게 되었다고 무척이나 행복해했던 기억이 난다. 그때만 해도 보릿고개가 있던 시절이었으니, 하루 세끼만 먹을 수 있으면 비록 지붕이 없어서 비가 떨어질 걱정을 하며 잠들어도 괜찮았다.

저 푸른 초원 위에
그림 같은 집을

당시만 해도 영락없는 시골이었던 창원은 공단이 들어서면서 사람들이 대거 몰려들어 갑자기 큰 도시로 부상했다. 인구가 우후죽순 늘어나다 보니 그 많은 사람들을 수용할 숙소가 턱없이 부족했다. 그러자 시골 마을 사람들은 양계장이며 돼지우리를 개축해서 월세를 놓았다. 대충 물청소를 하고 벽에 도배를 한 뒤 연탄보일러를 들여놓았는데, 오랫동안 가축을 키우던 공간이라 냄새가 쉽게 빠질 리 없었다. 더구나 해충을 잡는답시고 이상한 약을 뿌려대는 통에 역한 냄새가 진동했다. 갑작스러운 인구 유입으로 그에 못 미친 주거 환경은 열악하기 이를 데 없었다. 연탄가스로 하룻밤 새 유명을 달리하는 근로자들이 속출하기도 했다. 하지만 돼지우리와 닭장에 살면서도 별다른 대안이 없었다.

시골에 하숙집이 있을 리 만무하고, 나는 작은 방을 하나 얻어서 세 사람이 함께 기거했다. 중학교와 고등학교 때처럼 다시 자취 생활을 하게 된 것이다. 밥하고 설거지하는 일이야 익숙하니 상관없었다. 하지만 이런 일을 해본 적 없는 친구들 때문에 적잖이 애먹었다. 좁은 부엌에서 셋이 라면 하나로 끼니를 때우는 날도 있었다. 지금 생각하면 눈물겹기 그지없다.

열악한 근무 환경에서도 처음에는 부당한 대우를 받는다거나 노동력 착취를 당하고 있다는 생각은 하지 않았다. 조금 지나자 슬며시 회의감이 들기도 했다. 이렇게 벌어서 언제 남들처럼 멋진 구두를 신고 다닐 수 있을까 하는 생각이 들었던 것이다. 그래도 늘 머릿속으로는 꿈과 희망을 잊지 않았다. 그럴 때마다 당시 히트했던 남진의 '님과 함께'를 부르며 훗날 내가 살 집을 그려보기도 했다.

'2층 양옥집을 지어서, 마당에는 장미꽃도 심어야지. 담쟁이도 심어서 멋스럽게 꾸며야지. 여름이면 장미향이 온 마당에 가득할 거야' 하며 늘 꿈과 희망을 놓지 않았다.

근무 중에 가끔 다칠 때도 있었지만 그런 꿈을 그리면서 열심히 일했다. 나는 모범사원으로 또래보다 먼저 승급하고 승진도 빨랐다.

사람은 꾸짖음을 듣기보다 칭찬을 받으면 더욱 잘하게 마련이다. 꾸짖음을 들으면 열심히 하고 싶은 동기부여가 떨어지지만 칭찬을 들으면 일하는 것이 더욱 신나고 그에 부응하고자 하는 마음에 의무감이 더욱 커진다. 나 역시 좋은 평가를 받으니 더욱 열심히 하게 되었다. 칭찬은 고래도 춤추게 한다는 말을 나 스스로 경험했던 것이다. 이후로 나는 꾸짖기보다는 칭찬을 많이 하는 사람이 되어야겠다고 다짐했다.

하루는 고故 서동현 공장장님이 사무실로 나를 부르더니 이렇게 말씀

산업 현장에서 늘 최선을 다한다는 의미로 V 자 포즈를 취한 필자

하셨다.

"김 반장, 앞으로 열심히 하게. 자네에게 거는 기대가 크네."

"네, 알겠습니다. 열심히 하겠습니다."

그러자 공장장님이 대뜸 3만 원을 봉투에 넣어 나에게 건네주었다. 당시에 3만 원이면 큰돈이었다. 나는 봉투를 받으면서 다시 한번 인사했다.

"공장장님, 고맙습니다."

처음에는 열심히 하라는 말이 무슨 의미인지 눈치채지 못했다. 그런데 얼마 뒤 나는 팀장으로 진급되었다. 팀장이 되어서도 더 열심히 하라는 뜻이었다.

현장에서 팀장이면 계장급이라고 할 수 있었다. 팀장도 여러 종류가 있었는데, 5명으로 구성된 팀도 있었고, 100명 가까이 되는 팀도 있었다. 나는 팀장이 되면서 주요 부서로 배치되었다. 그 전에는 가공 쪽에서 일하다가 완성품이 나오는 조립 부서로 옮긴 것이다. 완성품 부서에는 여직원이 70~80명에 남직원이 15명가량이었다. 팀장이 된 나는 100명 정도를 관리해야 했다.

그때가 1982년 2월이었다. 우리 부서의 정식 명칭은 생산3과 신관 조립 부서였다. 남자 사원들과 일하다 여사원들이 훨씬 많은 부서에서 일하려니 적잖이 부담스럽기도 했지만 일을 하면서 점차 여사원들의 협조가 얼마나 큰 힘이 되었는지 깨달았다.

생산3과는 생산, 검사, 품질에 대한 실적과 환경, 단합대회 등에서 대상을 여러 차례 받은 우수한 부서였다. 처음에는 소통과 화합하는 데 어려움이 있었지만 인내하면서 솔선수범하다 보니 서로의 진정성을 알게 되었다. 생산3과에서 일하던 때가 직장 생활 20여 년 중 추억이 가장 많은 시기였다. 지금도 아쉬운 마음에 그 시절로 다시 돌아가고 싶을 때가 있다.

안 돼?
그럼 김찬모 불러!

    새로 발령을 받고 옮긴 생산3과 조립반은 작업장이 깔끔하고 여직원들도 많았다. 계속 남자들하고만 일해 온 나는 처음에 여직원들과 대화를 하는 것부터 애를 먹었다. 같은 인간인데도 남자와 여자는 양과 음으로 비유될 만큼 많은 부분에서 정반대의 성향을 가지고 있다. 그때 여자들과 소통하는 방법이라든가 여성의 중요성을 배웠는데, 그 경험이 지금까지도 살아가는 데 큰 도움이 된다.

    여자에게 인정받지 못하는 남자는 출세하기 어렵다는 말이 있다. 그만큼 여성을 이해하는 것이 중요하다는 뜻이다. 여자들은 자신을 사랑하는 남자를 위해 목숨까지 바칠 수 있다. 그만큼 헌신적이라는 의미다. 깊이 배려하고 진실하고 정직하게 대해야 여자들의 마음을 얻을 수 있다. 여자들의 마음은 깨지기 쉬운 유리와 같다. 그만큼 여자들을 보호하고 관심을 기울여야 한다는 뜻이다.

남자와 여자의 차이점을 알게 되면서 나는 기존의 작업 패러다임을 완전히 바꾸었다. 남자들보다 추위를 많이 타는 여자들을 위해 추운 날 아침에는 일찍 출근해서 물을 끓여놓고 공장을 훈훈하게 덥혔다. 더운 여름날에는 여자 탈의실에 선풍기를 달아주었다. 이렇게 사소한 일부터 큰일까지 여직원들을 챙기자, 3년 뒤 내가 다른 부서로 옮겨 갈 때는 같이 일하던 여직원들이 반대 시위를 할 정도였다.

그 무렵 국제전광사는 ㈜산다라는 상호로 개명되었다. 나는 ㈜산다 (현재의 한화) 생산팀장 1번 타자로 불릴 정도로 잘나가는 직원이었다. 간부 회의에서 뭔가 풀리지 않을 때는 어김없이 "김찬모 오라고 해. 빨리 김찬모 불러와!"라는 호출이 떨어졌다.

한번은 간부 회의에서 찾는다는 소리를 듣고 한달음에 달려갔을 때였다.

"김 팀장, 40m/m 유탄 3만 개 한 달 내로 해낼 수 있나?" (그 당시 40m/m 유탄 3만 개면 3억 정도 되는 큰 금액이었다.)

나는 주저 없이 대답했다.

"네, 방법을 찾아보겠습니다."

그러면 일부 간부들이 비아냥거리는 소리가 들려왔다.

"그리 만만한 일이 아닐 텐데?"

"만만하지 않다는 건 어느 정도를 말하는 겁니까?"

"아니, 지금 그것도 모르고 무조건 한다고 하는 건가?"

"무슨 일이 있어도 해내야 하는 일이라면 다 같이 머리를 맞대고 방법을 찾아봐야 하는 것 아닙니까. 하겠다고 마음먹고 해야지 할 수 없다고 말하면 무슨 소용이 있겠습니까?"

"자식, 건방지기는!"

몇몇 간부는 무턱대고 당당한 나를 싫어하기도 했다.

긍정적인 상황보다는 부정적인 걸림돌이 더 많던 시절이었다. 하지만 긍정적인 생각을 잃지 않았던 나는 부서원들과 의기투합하여 불가능하게 여겨졌던 일들을 성공적으로 해내곤 했다.

우리 팀은 모든 면에서 1등이었다. 하지만 그 모든 일들을 나 혼자 이룬 것은 아니었다. 팀원이 함께했기에 가능한 일이었다. 특히 여직원들이 전폭적으로 지지해 주었을 뿐 아니라 단합심도 강해서 무슨 일이든 해냈다. 여직원들이 얼마나 강하게 똘똘 뭉쳤는지 피구 대결에서도 남자들을 이길 정도였다. 남자들이 힘껏 던진 공을 이를 악물고 악착같이 가슴으로 받아내는 것이었다. 여직원들은 이른바 악바리 정신으로 무장되어 있었다. 그런 여직원들이 있었기에 불가능한 일까지 해낼 수 있었다. 그때 함께 일했던 생산3과 직원들 모두에게 진심으로 감사드린다. 30여 년이 지난 지금도 그때를 생각하면 혈기가 끓어오른다. 늘 조직을 생각하면서 최선을 다하면 모든 일이 가능하리라 확신한다.

민주화의 바람 속에서
흔들리다

생산3과에서 3년간 근무한 뒤 나는 다시 가공 현장으로 옮겨 가게 되었다. 노태우 민주정의당 대표가 6·29민주화 선언을 했을 때였다. 민주화 봇물이 터지더니 기존의 법이 바뀌면서 세상이 달라지기 시작했다. 민주주의 이름 아래 최저임금제, 잔업수당, 연차휴가, 생리휴가 등 생각지도 못했던 복지제도가 속속 생겨났다. 어찌 보면 당연한 일이었다. 회사는 직원들이 편안하고 행복하게 살 수 있도록 해주어야 한다. 우리에게는 행복할 권리가 있기 때문이다. 또한 직장에서의 안정적인 분위기는 곧 생산성과 직결되기 때문이기도 하다.

1986년 내가 일하던 ㈜산다는 결국 H사로 인수되었고, 다음 해 6·29 민주화 선언 이후 노사분규가 일어났다. 7월에 노동조합이 만들어졌고 8월에 고용주 측과 단체교섭에 들어갔다. 노동조합 대의원들과 경영진은 사사건건 의견이 맞지 않았다. 4개월 동안 회사는 노사 대립의 소용

돌이에 갇혀 있었다. 조금 보수적인 성향이었던 데다 생산팀장으로 중간 관리자였던 나는 자연스럽게 회사 편에 섰다. 회사나 윗사람의 명령을 거스르지 않아야 한다고 배워왔고, 생활 방식도 보수적이었다. 더구나 회사에서 승승장구했으니 딱히 불만도 없었다. 그러다 보니 노조에 소속된 직원들과 갈등이 생길 수밖에 없었다. 직원들은 내 말보다 노조위원장의 말을 따랐다.

회사에서는 노조를 관리하라는 과분한 지시가 떨어졌다. 천하의 해결사 김찬모가 노조 하나 해결하지 못하냐는 것이었다. 현장 팀장이 부하직원들도 제대로 다루지 못하느냐고 압력을 가하면서 노조 활동을 하는 직원들을 전부 해고하겠다고 윽박질렀다.

그런데 3개월 뒤 노사분규가 끝나고 분쟁을 해결하는 데 크게 기여한 공로로 사장이 직접 상을 수여한 사람은 다름 아닌 노조위원장과 노조 간부들이었다. 노조원들을 모두 해고하겠다고 하더니 정작 상을 받은 사람들은 그들이었던 것이다. 나는 배신감에 몸을 부르르 떨면서 공장장에게 항의했다.

"골수 노조원들은 해고한다고 하지 않았습니까? 그런데 왜 그대로 두는 겁니까?"

"서로 합의했고 앞으로 잘한다고 하지 않았나."

결과적으로 중간관리자인 내 위치만 어정쩡하게 되어버렸다.

회사의 첫 노사분규는 그렇게 끝이 났다. 그리고 이듬해 노동조합은 이른바 '춘투(춘계투쟁)'라는 노사교섭을 벌였다. 이것은 매년 봄에 그해 임금 수준을 결정하는 임금 인상 투쟁이었다. 1988년은 우리나라에서 처음으로 올림픽이 개최된 해였다.

우리 회사 노조는 5월부터 임금 인상 투쟁 시위를 벌였다. 시위를 진압하기 위해 물대포차까지 투입될 정도로 분위기가 과격했다. 그때 노조 여성부장이 바로 내 밑에서 일하던 장 양이었다. 장 양은 원래 결속력이 남다르고 리더십이 강한 여직원이었다.

장 부장은 빨간 머리띠를 두르고 1200명가량 되는 전 노조원의 맨 앞에서 시위를 이끌었다. 회사 측에서는 나를 불러 장 부장을 내보내라는 지시를 내렸다.

"김 팀장, 자네 여직원들 잘 다루지 않나. 더구나 장 부장은 예전에 자네 부서원이기도 했고 말이야. 돈을 써서라도 회사에 못 나오게 하게."

나는 회사와 노조 중간에서 몹시 난처했다. 장 양은 나와 마음이 잘 맞아서 친하게 지냈던 동료였다. 하지만 나는 회사의 중간관리자이고 장 양은 노동조합에서 주도적인 인물이었다. 노조 측에서는 회사 편에 섰다는 이유로 나를 경계하고, 회사는 시위를 진압하지 못한다고 압박을 가하며 이번에는 정말로 노조원들을 해고하겠다고 으름장을 놓았다.

1987년에는 회사 편에 서서 노조를 막기 위해 노력했지만 1988년에는 선뜻 회사 편을 들 수가 없었다. 더구나 노조의 주장이 틀린 것도 아니었다. 지난해 회사에서 약속한 것을 지키지 않았기 때문에 노조에서 다시 들고일어난 것이었다. 이미 회사로부터 배신감을 경험한 나는 조용히 내 일만 했다. 그러자 결국 회사에서는 내가 노조 편에 섰다는 이유로 파업 기간에 회사에 나오지 말라고 통보했다.

노사분규가 끝난 뒤에 나는 부하직원들의 일상적인 노조 활동을 허용했다. 어느 날 우리 부서 직원들이 유인물을 돌렸다는 이유로 나에게 그 책임을 물었고, 급기야 나는 인사위원회에 회부되었다. 모범사원 1호인 나는 노동조합위원장, 공장장, 부장들 앞에 서서 심문을 받는 처지에 놓였다.

"김찬모 씨 맞습니까?"

"저는 17년 넘게 이 회사에 다녔습니다. 그런 사람에게 신분 확인이라뇨?"

"묻는 말에 대답이나 하세요. 다시 한번 묻겠습니다. 김찬모 씨 맞습니까?"

인사위원회 결과 나에게는 정직 3개월에 감봉 6개월 처분이 내려졌다. 정직과 감봉 사유는 점심시간에 부하직원이 유인물을 돌렸기 때문이었다. 그것을 막지 않았다는 것이다.

언제나 나를 믿고 지지해 주던 서동현 공장장님이 회사에 계시지 않아서 내 편을 들어줄 사람이 더더욱 없었다. 서동현 공장장님은 회사를 그만두고 부경공업사라는 자그만 사업체를 운영하고 있었다. 회사 식당 입구에는 '김찬모 사원을 징계한다'는 대자보가 붙었다. 나는 불합리한 처사를 참을 수가 없었다.

"정직과 감봉이라뇨. 받아들일 수 없습니다. 차라리 제가 사표 쓰고 그만두겠습니다."

나는 사직서를 써서 책상 고무판 밑에 넣어놓고 회사를 나와버렸다. 이때가 1989년 11월이었다. 한창 노사분규 중에 부하직원이 점심시간을 틈타 유인물을 돌린 것이었다. 그런데 노사분규가 끝난 뒤에 그것을 미리 알고도 막지 못했다는 이유로 나를 징계위원회에 회부했다. 사실상 회사는 처음부터 노동조합을 탄압하기 위해 나에게 무리한 요구를 한 것이었다. 그때 유인물을 돌린 부하직원은 배종철 군이었다. 내 운명을 갈라놓은 사건이기도 했지만 가끔은 그 친구가 그립기도 했다. 이런 회사와의 갈등으로 1974년 8월부터 16년간 다닌 회사를 나오려니 앞이 막막했다. 회사 정문을 나오는 순간 두 딸의 얼굴이 떠오르면서 하늘이 노랬다. 아무런 준비도 하지 못한 채 청춘을 바친 회사와 안녕하고 말았다. 참담하고 암울한 심정뿐이었다.

결국 노사 갈등의 틈바구니에서 내가 희생양이 된 것이었다. 사표를 낸 것은 1989년 말이었는데 1990년 3월에야 정식으로 퇴사 처리가 되었다. 하지만 지금 생각하면 전화위복이 된 셈이었다.

대기업이었던 H사는 M2 콤파스라는 방산물자의 납기 일자를 맞추지 못할 위기에 처하자 퇴사한 나에게 도움을 요청했다. 내가 한 달간 무보수로 지원해 주었기에 회사는 낭패를 면할 수 있었다. 특수 부품 조립 담당자가 불의의 사고를 당하는 바람에 내가 대신 기용된 것이었다. 이것이 내 청춘을 다 바쳐 일한 첫 직장에 대한 의리라고 생각했다. 이후 지금까지도 첫 직장 H사의 동료들과는 아주 잘 지내고 있다.

이제 세월이 흘러 친구들은 몇 년 전 정년퇴직을 했고 기억나는 후배들도 거의 정년을 바라보고 있다. 유수 같은 세월…… 다사다난했던 일들은 다 추억이 되어버렸다. 직장 생활을 하면서 그래도 중심을 잡아주었던 것은 서로를 믿고 따랐던 신의가 아니었나 생각한다.

인생의 동반자를 만나다

내가 한창 사회생활을 하던 당시에는 남자들의 결혼 적령기가 27세였다. 나는 그보다 2년 늦은 29세에 결혼해서 가정을 꾸렸다. 1982년 1월 31일이었다. 창원에 내려와서 결혼하기 전까지 6~7년 동안 나는 조장, 반장, 주임, 계장으로 2년에 한 번씩 승진할 정도로 회사에서 한창 잘나가던 때였다.

남들보다 결혼이 조금 늦어진 이유는 여자를 사귈 용기가 없었기 때문이다. 결혼하기 전에 여동생과 함께 살았는데 여동생 친구들이 나를 좋아한다고 해도 나는 전혀 관심이 없었다. 딱히 이성에게 끌리지도 않았고 연애하고 싶은 마음도 없었다. 먹고사느라 여념이 없기도 했지만 처음 사귄 여자와 결혼해야 한다는 조금은 고리타분한 사고방식이 있었다.

그러던 어느 날 1979년 경북 영주 향우회 회장을 하던 분이 나에게 선 자리를 추천해 주셨다. 이분이 바로 장인어른의 친구분이었다. 그분

1982년 2월 신혼여행 중 안동댐에서 아내 이외숙과 함께

은 아주 착하고 단아한 아가씨가 있다고 하면서 나를 그 아가씨 집으로 데리고 갔다. 나는 조금 포동포동한 여자를 좋아하는데 그 아가씨는 약간 야위고 키도 아담했다. 그날 그 집에서 배불리 식사 대접을 받고, 그 뒤로 몇 번 더 방문하다 보니 어느새 친근하고 편안했다.

그 아가씨는 둘만 데이트를 할 때도 가식적이지 않고 진솔하게 대했다. 마산 앞바다 유원지에 놀러 갔을 때였다. 밥을 먹으려고 어느 식당에 들어갔는데 그 아가씨가 차림표를 보며 입맛을 다시더니 나에게 말했다.

"저 산낙지 먹어도 되죠?"

내륙 지방에서 자란 나에게 낙지는 낯설고 거북한 음식이었다.

"아, 네……, 드시고 싶으시면 주문하세요."

종업원이 살아서 꿈틀거리는 잘린 낙지를 내오자 아가씨는 젓가락으로 냉큼 집어 기름장에 찍어 먹었다.

"낙지가 탱글탱글하고 맛있어요. 한번 드셔보세요."

"아, 네……, 저는 괜찮으니 많이 드세요."

나는 꿈틀꿈틀하는 낙지를 제대로 쳐다보지도 못했다. 그러고는 속으로는 '여자가 어떻게 저런 걸 다 먹나' 하는 생각이 들었다.

그 아가씨와 헤어진 후 나는 그녀의 전화번호를 적어둔 종이를 찢어 버리고 더 이상 연락하지 않았다.

그 뒤로 중매가 꾸준히 들어와서 열 차례쯤 더 선을 보았다. 주로 시골에 계신 친척분들이 주선한 것이었는데, 그 마을에서 최고라는 아가씨가 도무지 내 눈에 차지 않는 것이었다. 서울을 비롯해 도시에서 생활했던 터라 시골 아가씨와 취향이 맞지 않았는지 모른다. 더구나 다른 아가씨들을 만날수록 처음에 만난 아가씨가 얼마나 진솔한 사람이었는지 새삼 느낄 수 있었다. 그 아가씨는 내숭은커녕 거짓말 자체를 아예 할 줄 모르는 여자였다. 자신이 거짓말을 할 줄 모르니 내가 아무리 뻔한 거짓말을 해도 다 믿을 정도였다.

"어릴 적 산에 올라갔다가 호랑이를 만난 적이 있어요."

"정말요?"

"집채만 한 호랑이가 나를 노려보는데……."

"그래서 어떻게 했어요?"

아가씨는 눈을 반짝이며 호랑이를 만나서 어떻게 살아 돌아왔는지 물어볼 정도로 순수했다. 사회생활을 하면서 나는 가식적인 여자들을 많이 겪어보았다. 회사 여직원들 중에도 그런 여자들이 꽤 많았다. 선을 본 그 아가씨보다 특별히 더 나은 상대를 찾지 못했던 나는 어느 날 그녀에게 대뜸 전화를 걸어서 말했다.

"저하고 결혼해 주세요."

갑작스러운 청혼에도 그 아가씨는 망설임 없이 곧바로 대답했다.

"네, 좋아요."

며칠 뒤 나는 그 아가씨를 집으로 데려와 어머니께 인사를 시켰다. 내가 결혼할 여자를 데리고 온다고 하니 가족들이 모두 모였다. 몹시 더운 날이었는데, 마침 대구에 계시는 작은 매형이 맥주를 사 와서 아가씨에게 한잔 따라주었다.

"어려워하지 말고 시원하게 한잔 마셔요."

"아, 그럴까요?"

아가씨는 매형의 말이 끝나기 무섭게 맥주 한잔을 단숨에 들이켰다. 그것도 어머니가 보시는 앞에서 말이다. 당시에는 여자가, 그것도 어른들 앞에서, 더구나 시댁 식구들에게 처음 인사하는 자리에서 술을 들이켜는 것은 상상도 할 수 없는 일이었다. 그 모습을 보시던 어머님의 낯빛이 순식간에 바뀌었다.

어머니가 반대를 한 것은 물론이었다. 하지만 가족들 의견이 서로 달랐다.

작은 매형이 그 아가씨를 두둔하고 나섰다.

"장모님, 아가씨 성격이 시원시원하니 참 좋던데요."

하지만 어머니는 완강하게 말씀하셨다.

"여자가 술을 좋아하면 못쓴다."

내가 나서서 어머니를 달랠 수밖에 없었다.

"어머니, 그 아가씨 원래 술 잘 못 마셔요. 날이 워낙 덥고 또 어른이 주니까 예의상 마신 거예요."

27세 맞선 볼 당시의 모습

이번에는 친구들에게 선을 보일 차례였다. 친구들은 그 아가씨를 만난 자리에서는 별다른 말을 하지 않았다. 그런데 나중에 친구들은 나하고 여러모로 차이도 많이 나고 맞지 않는 것 같으니 결혼을 다시 생각해 보라고 했다.

아내가 지금은 보기 좋게 살이 올랐지만 결혼하기 전만 해도 깡마른 모습이었다. 친구들은 아내의 생김새와 체구부터 보았다. 그때 나는 지금 말로 '몸짱'이었다. 겉모습만 봤을 때는 썩 어울리는 한 쌍은 아니었다. 나는 친구들에게 겉모습만 보지 말고 내면을 보라고 했다.

결혼하기 전에 나는 아내에게 이런저런 요구 사항을 늘어놓았다.

"부모님께 효도해야 합니다."

1983년 결혼 1주년 기념 여행. 신혼여행을 회상하며 안동댐을 찾았다.

"네."

"아이를 다섯은 낳아야 합니다."

"네."

"내가 사랑하는 가족과 친지, 친구들에게 잘할 수 있습니까? 우리 집에 손님이 많이 찾아올 거예요."

"네."

"마지막으로 하나 더 있습니다."

"뭐예요?"

"서로가 무슨 일을 하든 노랫말처럼 '잘했군, 잘했어'라고 칭찬해 줍시다."

"네."

"그러면 됐습니다."

"그럼 지금까지 얘기한 것을 당신도 똑같이 지킨다는 거죠?"

"당연하죠."

나는 아내에게 무턱대고 요구만 하는 것이 아니라 내가 원하는 만큼 상대에게도 똑같이 해주어야 한다는 생각을 늘 가지고 있다.

"당신이 원하는 것이라면 뭐든 다 해줄 겁니다. 말해 보세요."

"지금은 딱히 원하는 게 없어요. 살아가면서 하나씩 해주세요."

우리의 결혼식 주례는 그 당시 공장장이었던 서동현 ㈜부경 창립자께서 맡아주셨다. 그분은 주례사에서 "김찬모 군은 우리 회사 중견 간부로서······"라고 나를 칭해 주셨다. 계장 아니면 반장이라고 하면 될 것을 굳이 중견 간부라고 높여서 불러주었다. 적어도 과장급 이상을 중견 간부라고 하는데 말이다. 중견 간부라는 호칭에 의아해하는 사람들이 많았지만 내 자존심을 세워주려고 그러신 것이었다.

우리의 신혼여행지는 서울이었다. 그때 지방에 사는 사람들은 으레 서울로 신혼여행을 떠났다. 우리는 남산에 올라 사진을 찍고 서초동에 있는 서림호텔에 묵었다. 그때 기억나는 재미있는 에피소드가 하나 있다. 서림호텔 화장실 변기에는 난생처음 보는 물건이 붙어 있었다. 무심코 버튼을 눌렀는데 물이 쭉 나오는 바람에 아내와 나까지 깜짝 놀랐다. 수입품이었던 비데 설명서는 모두 영어로 적혀 있어서 결국 무엇에 쓰는 물건인지 알지 못했다.

그때 비데는 지금과 달리 물이 나오고 나면 옆에 닦아주는 솔이 나왔다. 솔이 닦아주고 나면 팬이 나와서 말려주었다. 신체 구조상 남자보다는 여자가 더 황당할 수밖에 없었다. 그렇지 않아도 부끄러운 첫날밤을 더욱 어색하게 보내야 했던 신혼여행이었다.

갑자기 닥친
3년간의 시련

사회에 첫발을 내딛으며 들어간 회사에서 16년을 근무하다가 아무런 준비 없이 갑자기 퇴사하게 되자 당장 오갈 데가 없는 신세가 되었다. 30대 후반의 나이였다. 굶기도 많이 굶었고 친구가 경영하는 회사 사무실에 스펀지를 깔고 자는 날도 있었다. 초등학교에 다니던 딸아이는 허구한 날 라면을 먹기 일쑤였다. 나중에는 라면을 사 들고 들어가기가 미안할 정도였다.

시청 공무원으로 일했던 아내는 결혼을 하면서 공직 생활을 그만두었다. 비록 만족스러운 월급은 아니었지만 남편인 나를 믿고 가사에 전념하기로 한 것이었다(그 당시에는 결혼하면 직장을 그만두는 것이 관례였다).

오직 한 회사에서 한 가지 분야에만 매달려 왔기 때문에 다른 분야나 다른 회사에 대해서는 문외한이었다. 당장 들어가서 일할 곳은 없고, 그렇다고 마냥 집에 있을 수만은 없었다. 아이들이 곧 중학교에 들어갈 생

퇴사하고 미래에 대한 고민이 많았을 때 가끔 산에 올라 답답한 마음을 달래기도 했다.

각을 하니 살아갈 길이 더욱 막막했다. 그렇게 가슴이 답답할 때면 공원에서 산책을 하거나 산에 오르기도 했다.

그렇게 3개월을 보낸 뒤 나는 부산에서 신발 공장을 하는 초등학교 친구와 함께 사업을 해보기로 결심했다. 아내에게는 3년만 고생하면 돈을 많이 벌어주겠다고 했다. 회사에서 퇴직금으로 나온 돈이 1300만 원이었고, 가불해서 쓴 돈을 갚고 나서 내 수중에 들어온 돈이 500~600만 원이었다. 나는 아내에게 500만 원을 주면서 3년 동안만 이 돈으로 생활해 달라고 부탁했다. 아내는 아무 말 없이 그 돈을 받았다. 훗날 알고 보니 내가 부산에서 폐인처럼 지낼 때 아내는 자동차보험설계사로 생계를 꾸려나가고 있었다.

원래 부산은 신발 공장으로 유명한 도시였다. 그러나 유명 브랜드의 신발 제조업체로 부산의 대표적인 기업이었던 국제상사가 정치적인 이유로 해체되면서 신발 산업 자체가 완전히 기울어가고 있었다. 친구의 신발 공장도 상황이 썩 좋지 못했다. 알고 보니 친구는 나의 퇴직금에 눈독 들이고 나를 끌어들인 것이었다. 내 수중에는 돈이 없다는 것을 안 친구는 장인어른의 인감증명을 떼어달라고 했다. 그 친구가 장인어른을 보증인으로 내세워 대출을 받는 바람에 엄청난 피해를 봤다.

친구는 나한테 빚진 것이 많으니 얼마 되지 않는 자산이지만 자신의 신발 공장을 넘겨주겠다고 했다. 그러고는 내 아내 앞으로 회사 명의를 옮기고는 사라져버렸다. 지금은 명의를 빌려주었거나 서류상 대표라는 것을 증명하면 얼마든지 피해 갈 수 있지만 그때는 명의자가 모든 법적 책임을 져야 했다.

친구가 사라지고 난 뒤 신발 공장에는 채권자들이 들이닥치기 시작했다. 채권자들이라고는 하나 대부분 일수를 하는 깡패들이었다. 그들은 무작정 공장으로 쳐들어와서 돈을 내놓으라며 멱살을 잡고 공장을 부수기도 했다. 나는 그들과 치고 박고 싸우기도 하고 달래기도 하면서 하루하루를 버텼다. 매일 조금씩 돈을 빌려서 임시방편으로 하루하루를 근근이 버텼지만 결국 회사를 살리지 못했다.

친구와 함께 신발 사업을 해서 재기하려던 나는 되레 집까지 날리는 신세가 되고 말았다. 그러다가 수출을 단념하고 국내시장에만 전념하기로 하면서 기계를 처분하고 직원들도 대폭 줄였다. 회사 규모를 10분의 1로 정리하자 큰돈을 벌지는 못해도 10여 명 남짓한 직원들 밥은 굶지 않겠다는 생각이 들었다.

그때 친구는 부도 위기에 몰리자 수시로 극단적인 생각에 사로잡혔다. 이대로 죽으면 더 바랄 게 없다는 말을 입에 달고 살았다. 사람이 벼랑 끝에 몰리면 정상적인 판단을 하지 못하게 마련이다. 나는 막다른 상황에서 헤어나지 못하는 친구의 모습을 고스란히 지켜보았다. 그때의 경험이 지금 자살예방단체를 후원하는 계기가 되었다.

공장을 살리겠다고 깡패들과 우격다짐을 하면서 산전수전 겪던 끝에 직원들이 겨우 밥을 먹을 정도로 안정되었을 즈음 부경 인수 제의를 받았다. 나는 그동안 고생한 공장장과 직원들에게 신발 공장을 넘기고 창원으로 내려갔다.

그런데 어느 날 신발 공장의 직원들이 나를 찾아와 5백만 원을 건네는 것이었다.

"형님, 우리가 그냥 받을 수 있겠습니까. 이 공장이 나중에 어떻게 될지도 모르고요. 형님도 돈이 없을 텐데, 이거라도 받으세요."

"너희가 무슨 돈이 있다고?"

"납품 업체에 사정 얘기를 하고 대금을 미리 받았습니다."

1993년 5월의 일이었다. 그때 받은 500만 원은 ㈜부경의 초창기 운전자금으로 유용하게 사용했다. 신발 공장에서 함께 일했던 친구들이 많이 고맙고 그립다.

과거에 세계시장으로 뻗어나가던 신발 사업이 한순간에 추락했던 부산은 지금 그때의 신발 문화와 정서 등이 어우러져 문화 예술의 도시로 거듭났다. 국제상사 같은 큰 기업은 사라졌지만 그때의 신발 산업이 바탕이 되어 다변화 기능성 신발로 주목받으며 부산 경제를 이끌고 있다.

부산 신발 공장, 그 진흙탕 속에서 3년간 일하는 사이 나는 완전히 파김치가 되었다. 부산에서 보낸 3년이 마치 30년은 된 것 같았다. 그 시기를 지나오면서 거친 말과 욕설도 하게 되었다. 선비의 고장, 양반가 마을에서 욕이라는 것을 모르고 살아왔는데 말이다. 아픈 경험도 많이 했지만 그 모든 것이 인생 공부라고 생각한다.

얼마 전 우리 신발 공장이 있던 자리에 가보니 아파트가 들어서서 마무리 공사가 한창이었다. 눈앞에 펼쳐진 모습에 격세지감을 느꼈다. 고생스러웠던 일, 고단했던 삶의 한 장면은 이제 흑백사진처럼 가슴에 남아 있을 뿐이다.

기부로 받은
㈜부경

1974년 처음 서울에 올라와 국제전광사에 입사했을 때 오리엔테이션을 해주셨던 분이 바로 서동현 상무님*이다. 첫 회사에서 나를 누구보다 아껴주고 지지해 주시던 상무님은 회사가 H사로 합병될 때 독립해서 부경공업사(현 ㈜부경)라는 회사를 차렸다.

서동현 상무님에게 연락이 온 것은 1993년 2월 26일이었다. 그날 마침 부산 금정산을 올라갔다 내려와 보니 상무님에게서 삐삐(호출기)가 여러 차례 와 있었다. 나는 무슨 일인가 싶어서 곧바로 전화를 걸었다.

"자네, 요즘 어디서 뭐 하나?"

"사업하고 있습니다."

"잘하고 있다는 소식은 들었네. 내일 우리 회사로 한번 오겠나?"

"내일은 금요일이니, 모레 토요일에 찾아뵙겠습니다."

"예끼 이 사람아, 내일 9시까지 꼭 오게."

다음 날 나는 9시에 맞춰서 마산 봉암동에 있는 ㈜부경 공장으로 갔다. 서 상무님은 작은 사무실에 경리 직원과 함께 있었다. 내가 들어가서 인사하고 자리에 앉자 서 상무님께서 경리 직원에게 "정리한 거 가져와 봐"라고 했다. 경리 직원이 누런 봉투를 하나 가져왔는데, 그 속에는 금고 열쇠며 도장 같은 것들이 들어 있었다.

"상무님, 이게 뭡니까?"

"이제 나이가 드니 힘에 부쳐서 말이야. 요즘 산업 경기도 썩 좋지 않아 실적이 부진하기도 해서 말인데, 자네가 이 회사를 좀 맡아줄 수 없겠나?"

서동현 상무님은 나를 전폭적으로 믿고 지지해 주셨던 분이다. 나도 그런 상무님을 늘 존경하는 마음으로 대했고, 회사를 떠나신 뒤에도 매년 명절이면 찾아뵙고 인사를 드리곤 했다. 하지만 전혀 예상하지 못했던 너무 갑작스러운 제안에 그저 당황스러울 뿐이었다. ㈜부경은 비록 작은 사업체이지만 정밀기계 분야에 대한 경험이 없었던 나는 도무지 자신이 없었다. 더구나 나에게는 공장을 운전할 자금조차 없었다.

"제가 그럴 만한 능력이나 상황이 되지 않습니다."

"아냐, 자네라면 할 수 있어."

"아무래도 고민을 좀 해봐야겠습니다."

"고민할 필요도 없네. 그냥 가져가서 하면 돼."

---

* 1974년 서울 성수동에 있던 국제전광사에 처음 입사했을 때부터 고 서동현 회장님은 나의 상사이셨다. 상무(공장장)로 퇴사를 하셨기 때문에 나는 평생 그분을 상무님이라고 불렀다. 고인이 된 지금은 ㈜부경 창업주 고 서동현 회장님으로 호칭하며 그분의 가족들과 가깝게 지내고 있다.

1997년 삼성항공(주)으로부터 항공기 엔진 기술 이전 사업 축하 테이프 커팅 장면(왼쪽부터 장금제 상무, 송광호 상무, 이용택 박사, 필자, 정종수 공장장, 박노진 상무)

서 상무님은 무조건 할 수 있다고 용기를 북돋워주었다.

서 상무님은 다른 동업자와 함께 ㈜부경을 운영하고 있었다. 나는 일단 알겠다고 하고는 봉투를 받아서 집으로 돌아왔다. 그리고 나를 도와줄 사람을 찾고 있는데 이틀쯤 뒤에 서 상무님에게서 다시 연락이 왔다. 회사에 들러달라는 요청에 찾아뵈었더니 동업하는 분이 이런 제안을 했다고 전하는 것이었다.

"주변에서는 해외여행이라도 다녀올 수 있게 2천만 원쯤은 받아야 하지 않겠느냐고 하는 겁니다. 서 회장님, 우리 해외여행이라도 다녀오게 한 2천만 원만 받읍시다. 김찬모라는 그 사람한테 2천만 원만 달라고 해도 되지 않을까요? 그 정도면 인수하겠다는 사람도 있으니 말이에요."

동업하시는 분의 제안을 듣고 나는 어떻게 대답해야 할지 몰라 "알겠습니다"라고 짧게 말했다.

그러자 서 상무님께서 서둘러 말씀하셨다.

"자네, 오해하지는 말게. 그냥 그런 사람이 있다는 것뿐이야. 2천만 원 정도는 받아도 될 것 같기도 하고 말이야. 그렇다고 자네한테 꼭 그 돈을 받아야겠다는 이야기는 아니네."

"무슨 뜻인지 알겠습니다. 저도 그 정도는 해드리고 싶은데, 사실 진흙밭에 들어가서 이리저리 까먹고 빈손으로 내려와서 말입니다. 회사 운전자금이 조금이라도 있어야 하는데, 지금은 그만한 능력이 되지 않습니다."

그러고는 열쇠와 도장을 내놓았다.

"며칠 전 상무님께 제안을 받고 이런저런 생각을 많이 해봤습니다. 이 세상에 하나밖에 없는 귀한 씨 하나를 양지바른 곳에 심고 촉촉하게 물을 주고 나서 비닐을 씌워놓고 무럭무럭 자라게 하라는 뜻으로 주신 줄 알았는데, 그게 아니었나 봅니다."

그 말을 남기고 나는 그분들 곁을 떠났다.

그로부터 사흘 뒤였다. 빨갛게 충혈된 눈으로 서 상무님과 동업하시는 분이 함께 나를 찾아왔다.

"자네가 돌아가고 사흘 동안 한숨도 잠을 못 이뤘네. 가만히 있는 사람 불러서 못하겠다는 것을 떠맡기듯이 하고는 이틀 뒤 2천만 원을 내놓으라고 했으니……. 내가 참 면목 없고 미안하네."

두 분에게 미안하다는 말을 들으니 내가 더 송구스러운 마음뿐이었다.

"그 정도도 해드리지 못하는 제가 죄송합니다. 두 분 잘못이 아닙니다. 비록 두 분께 그 돈을 드리지는 못하지만 다시 기회를 주신다면 열심히 해서 반드시 이 사회에 필요한 회사로 키우겠습니다."

회사를 운영할 기회를 얻은 나는 정말 이 악물고 열심히 일했다. 그야말로 '생즉필사生則必死 사즉필생死則必生'의 각오로 매달렸다. 아침 5시에 일어나 출근해서 새벽 1~2시쯤 퇴근하며 사업에 매진한 끝에 1992년 3억 원이던 매출을 2년 뒤인 1994년에 14억 3천만 원으로 올려놓았다. 13명이 이룬 성과였다. 그렇게 해서 ㈜부경을 운영하기에 충분한 종잣돈을 마련할 수 있었다. 2년 만에 빚을 모두 갚은 것은 물론 기계를 현대 장비로 바꾸고 동종 업체 중에서는 가장 우수한 공장이라는 평가를 받았다.

㈜부경에서는 정년을 연장하면서까지 고 서동현 회장님에게 4~5년 동안 월급을 지급했다. 경제적으로 큰 도움이 되는 돈은 아니었지만 나름대로 최선을 다해 보필했다. 회장님 집안에 어려운 일이 생기면 가서 도왔고, 돌아가시기 전까지 한 달에 한두 번씩 만나 식사를 대접하고 용돈을 드리기도 했다(서동현 회장님은 2013년에 작고하셨다).

그분이 나를 무척 아끼셨듯이 나 역시 그분을 무척 존경했다. 서동현 회장님은 나한테 많은 것들을 물려주신 분이다. 기부는 아무나 할 수 있는 일이 결코 아니다. 그래서 그분의 그런 뜻을 이어가고자 늘 노력한다.

세상을 살아가면서 나에게 은혜를 베풀어준 분들에게 최선을 다하려 노력했고, 늘 감사한 마음을 잊지 않으려고 나 자신을 다지고 또 추슬렀다. 가장 먼저 부모님께 정성을 다하고자 했다. 아버지께서 돌아가신 뒤

3일을 제외하고 46일을 빠짐없이 창원에서 경북 영주까지 왕복 출퇴근하며 사십구일재를 지냈다. 또 스승님께도 최선을 다하고자 했다. 매년 스승의날이면 현직에 계시는 은사님들에게는 감사의 꽃다발을 보내고, 은퇴하신 분들은 따로 모셔서 친구와 후배들과 함께 재롱잔치를 열었다. 상황이 좋을 때는 함께 모시고 여행을 떠나기도 했다(25년째 이어오고 있다).

한번 맺은 좋은 인연은 끝까지 승화해 나가야 한다. 좋은 인연으로 만났다가 원수가 되어 헤어지는 사람들도 있다. 오랜 인연은 신뢰를 바탕으로 이루어진다. 신뢰는 말이나 머리가 아닌 가슴으로 쌓는 것이다. 굳이 말로 표현하지 않아도 서로가 느낄 수 있는 것이다.

think about

친구가 생각하는 김찬모 대표

친구 강성문·김재호·김태혁·박승영

2015년 영주제일고등학교 졸업 40주년을 맞아 친구들과 함께 영주 소수서원을 찾았다.(왼쪽부터 필자, 강성문, 김재호, 박승영, 김태혁)

- 김찬모 대표님과는 언제부터 친구 사이로 지내셨나요?

중학교 때부터 알고 지냈어요. 한 45년 정도 봤으니 지겨울 때도 되었건만 그래도 여전히 안 보면 아쉽고 보고 싶은 친구죠. 젊을 때는 가끔 술 먹고 싸우고는 다시는 보지 말자 했다가도 며칠 지나면 또 언제 그랬냐 싶게 또 만나곤 했죠.

- 오랜 인연이시네요. 이번에 창원에서 대표님 기업가정신 강연을 할 때도 오셨나요?

김 대표하고는 직장도 함께 다녔어요. 이번에 은사님 모시고 가려고 했는데 갑자기 일이 생겨서 가지 못했어요. 은사님은 참석하셨다고 들었습니다. 은사님께서는 늘 과찬을 듣는다고 겸손해하십니다.

- 김 대표님이 노조 일로 곤란을 겪을 때도 같이 계셨겠네요?

그랬어요. 이 친구는 노조를 합리적인 시각으로 바라보았는데 안타까운 상황이었죠. 저는 회사 편에 있었어요. 이 친구는 먼저 회사를 그만두었고 저는 40년 정도 근무했어요.

- 두 분이 함께 영주중학교에 다니셨나요?

그래요. 당시에는 영주중학교에 들어가려고 재수하는 아이들이 많았어요. 수재 아니면 못 들어갔죠. 시내에 나가면 교복에 빨간 명찰을 단 영주중학교 학생들이 환영을 받았어요. 학생들끼리 패싸움을 해도 사람들이 빨간 명찰을 단 쪽을 편들어 줬으니까요. 초등학교 한 반의 60명 가운데 5등 안에 들지 못하면 입학 원서도 안 써줬어요.

- 그럼 두 분 다 공부를 잘하셨겠네요.

꼭 그런 것은 아니지만 아무튼 머리가 웬만큼 되어야 영주중학교에 들어갔어요. 그리고 머리가 안 되면 학교 수업을 따라가지 못했죠.

- 김 대표님이 나이가 더 많아서 처음에는 다가가기 쉽지 않았을 것 같은데요.
학교 친구는 나이를 따질 필요가 없어요. 나이를 내세우면 친구가 될 수 없으니까. 그래도 생각하는 게 다른 애들보다 앞서기는 했어요. 우리는 생각하지 못하는 것을 이야기하기도 했고요.

- 김 대표님은 중1 때 이후로 공부를 안 하셨다던데 친구분은 어떠셨나요?
나는 특별히 공부를 잘한 것도 아니고 운동도 안 했어요. 그저 평범한 학생이었죠. 하지만 이 친구는 운동도 잘하고 빵도 팔고 책도 팔았지요.

- 중학교에 이어서 같은 고등학교를 나왔는데 당시 영주공고에 진학한 학생들이 많았나요?
많았죠. 농과, 화공과, 상과, 인문과, 기계과 골고루 있다 보니까 아이들이 각 과로 모두 흩어졌어요. 대학에 진학할 사람은 인문계로 가고 취업할 사람은 화공과나 기계과로 가고 농사에 관심 있는 사람은 농과로 갔어요. 중학교 졸업생의 30퍼센트는 영주공고로 왔죠. 영주공고는 기술고등학교라고 해서 경쟁률이 좀 있는 편이어서 쉽게 들어가기 힘들었어요. 특히 공업진흥정책으로 특혜를 받기도 했고요. 이 친구는 중학교 때부터 친하게 지냈는데, 하여튼 좀 특이했어요. 가정환경이 그렇기도 했겠지만 다른 애들은 상상도 못 하는 일들을 했죠. 정신적으로나 체력적으로 에너지가 많이 넘쳤어요.

- 학창 시절에도 사업적인 기질이 있었나요?
이 친구는 학창 시절에도 빵 장사를 하고 혼자 냉수마찰을 하기도 했어요. 다른 애들에 비해 특이했죠. 어릴 때여서 가정 형편은 서로 잘 몰랐어요. 집에 가봤을 때 농사를 짓길래 웬만큼 사는 줄 알았죠. 그렇게 고생했다는 이야기를 들으니까 지금 기부하는 것들이 그런 환경에서 기인하지 않았나 하는 생각이 들어요. 하여튼 배포도 있고 정도 많아서 참 인기가 많았어요. 남자들이 한 45년 붙어 다닌다고 하면 이상하게 생각할지 모르지만 서로 그렇게 만나도 지겹지 않았으니까요. 밤새 술을 먹고 놀아도 지루하지 않고. 환갑이 지난 지금도 만나면 그러고 놀아요.

- 사회생활을 할 때는 어땠나요?

사회에 나와서도 같은 회사를 다녔어요. 회사가 창원으로 옮겨 갔는데 그때 창원공업단지는 완전 허허벌판이었어요. 그런데 이 친구가 봉급을 절반씩 모아서 땅을 사자고 하더라고요. 그때 그 말을 들었으면 지금은 땅 부자가 되었을 텐데, 하하. 다른 아이들은 그런 특이한 발상을 하지 못했어요. 그런 것들이 사업하는 데 밑천이 되는 것 같네요. 기부도 흔한 일이 아니잖아요. 더 많이 번다고 해서 더 많이 기부하는 것도 아니고요. 그런 점에서도 특이하다고 할 수 있죠. 기부를 계속할수록 자기한테 동기부여가 되는 것 같더라고요.

- 김 대표님이 3년 동안 방황하신 것도 아시겠네요?

그때 회사 그만두고 나서 힘들어했지요. 부산에서 신발 공장을 하면서 자금 때문에 어려움을 겪을 때 나하고도 이야기를 많이 나눴어요. 안타깝기는 했지만 나라고 뾰족한 수가 없었어요. 시기적으로도 안 맞았고요.

- 그때는 김 대표님이 이렇게 성공하실 거라고는 생각 못 하셨죠?

이 친구를 잘 아니까 어느 정도 성공할 거라고는 생각했지만 이렇게 잘될 줄은 몰랐죠. 지금 창원에서 나름 유명인사가 되었잖아요. 이 친구처럼 고향 발전을 위해 이런저런 일을 많이 하는 사람이 어디 있겠어요?

- 기업가정신 콘서트를 하면서 만나본 중소기업 대표 가운데 김 대표님 같은 마인드로 기부하는 분은 거의 없었어요.

그럴 거예요. 정말 자랑스러운 친구예요. 다른 사람들보다 너무 튀어서 혹시 본의 아니게 오해를 사지 않을까 하는 걱정이 가끔 들기도 하지만 말입니다, 하하.

- 주위에 오해하시는 분들도 있나요?

이 친구는 어떤 보상을 바라고 그런 일을 하는 게 아니잖아요. 자기가 자라온 환경이 그랬고 후원 가정들이 있다 보니 계속하는 것인데, 다른 뜻이 있는 걸로 오해하는 사람들도 있어요.

- 인생을 살아가면서 나를 이해해 주는 친구가 2명만 있어도 세상은 살 만하다고 하는데 두 분이 그런 사이인 것 같네요.

그러니까 잠시만 못 보면 어떻게 지내나 궁금해서 밤늦게라도 전화하고 그러죠, 하하. 앞으로 얼마나 더 살지는 모르지만 정말 깊은 인연이에요. 중학교 때부터 지금까지 일주일에 한 번꼴로 만났고, 함께 일할 때는 매일 얼굴을 봤으니까요.

- 가족끼리도 친하게 지내시겠어요.

온 가족이 함께 놀러 가곤 했죠.

- 아이들 어릴 때 사돈 맺자는 얘기를 하시기도 했겠네요?

내가 이 친구보다 한 10년 정도 늦게 결혼해서 그런 이야기는 할 상황이 못 되었어요. 얘기하다 보니 생각났는데, 이 친구가 참 정이 많아요. 1975년 추석 즈음인가, 서울에서 직장 생활을 할 때였어요. 소주 한잔하고 많이 취해서 차를 타고 가다가 속이 울렁거려서 그만 구토를 하고 말았어요. 미장원에서 머리하고 좋은 양복 입은 사람들 10여 명이 내 앞에 앉아 있다가 봉변을 당하고 말았죠. 그때 이 친구가 그 사람들에게 일일이 미안하다고 사과하면서 손으로 다 치워줬어요. 지금은 그런 일이 있으면 한바탕 야단이 났을 텐데 그때는 인심이 좋아서 다들 이해해 줬죠. 이 친구가 그렇게 매사에 솔선수범하고 부지런해요. 아침잠이 없어서 5시만 되면 목욕탕 가서 몸을 풀자고 해요. 아침 일찍 일어나는 새가 먹이를 잡는다고 하듯이 남이 5보 가면 이 친구는 30보를 가야 직성이 풀리니까요.

- 친한 친구가 두 분 말고 또 있으신가요?

다른 친구도 많은데 이 친구와 붙어 있는 시간이 가장 길고, 고민이 있으면 먼저 상담하고, 남한테 못 하는 얘기까지 나누는 사이예요. 그룹처럼 열서너 명의 친구가 있었어요. 그중 먼저 저세상으로 떠난 친구도 있고요. 아지트가 영주에 있는 철탑산이었는데 누가 이야기하지 않아도 거기 가면 대여섯 명은 모여 있었어요. 그렇게 친하게 지냈고 지금도 서로 연락해요. 벌써 40년 넘게 세월이 흐르다 보니 이전만큼 자주 만나지는 못하지만 혼사 같은 큰일 있을 때는 꼭 참석하지요. 젊을 때는 막걸리 한 통 메고 냇가에 가서 횃불 밝혀놓고 고기 그득히 잡아서 밤새도록 매운탕 끓여서 먹고 그랬죠.

- 끝으로 한말씀 해주세요.

김 대표 책 나오면 대박 나길 바랍니다. 그리고 이 친구의 진심이 많은 사람들에게 전달되기를 바랍니다.

흔들리며 피는 꽃

흔들리지 않고 피는 꽃이 어디 있으랴.
이 세상 그 어떤 아름다운 꽃들도
다 흔들리며 피었나니
흔들리면서 줄기를 곧게 세웠나니
흔들리지 않고 가는 사랑 어디 있으랴.

젖지 않고 피는 꽃이 어디 있으랴.
이 세상 그 어떤 빛나는 꽃들도
다 젖으며 젖으며 피었나니
바람과 비에 젖으며 꽃잎 따뜻하게 피웠나니
젖지 않고 가는 삶이 어디 있으랴.

— 도종환

CHAPTER

3

대기업과 중소기업의 아름다운 동행

자네는
할 수 있어

1993년 처음 부경의 경영을 맡으면서 나는 안정적인 성장을 하려면 삼성* 같은 대기업의 협력업체가 되어야 한다고 생각했다. 하지만 부경 같은 작은 기업으로서는 말처럼 쉬운 일이 아니었다. 부경도 한때는 삼성과 거래를 한 적이 있었지만 내가 맡았을 때만 해도 삼성과의 거래가 끊어지고 매출도 거의 없는 회사였다. 그런 회사를 지금은 50배 가까이 성장시켰다.

회사를 운영하면서 맨 먼저 삼성의 깔끔한 관리를 본받기로 했다. 삼성은 놀라울 정도로 깔끔하게 관리하는 회사였다. 우리처럼 대충 청소를 하고 끝내는 것이 아니라 정리 정돈과 청결 및 유지 관리를 철저하게 지켜나갔다. 나는 먼저 3개월가량 회사를 깨끗하게 정리 정돈하는 데 시간

---

* 삼성은 당시 삼성항공(주)을 일컫는다.

을 쏟았다. 그런 다음 오직 삼성의 협력업체가 되는 일에 매달렸다.

삼성은 당시 '세계 일류기업'을 슬로건으로 내걸었다. 환경도 사람도 초일류를 지향했다.

나는 비가 오나 눈이 오나 회사 문을 열었다. 그리고 삼성에 가서 청소를 해주고, 정문에 떨어진 담배꽁초를 줍기도 했다. 지성이면 감천이라고, 진심이 통한 것일까. 두세 달 뒤 삼성항공㈜에서 우리 회사를 방문하고는 예전의 부경이 아니라는 것을 인정해 줬다.

마침내 삼성의 실무진이 현장 실사를 나왔고, 1993년 6월 25일 그토록 바라던 삼성 협력업체로 등록됐다. 정성을 다해서 공들인 지 110일 만의 일이었다. 이것이 사업을 일으키는 데 결정적인 기회와 용기를 주었다.

삼성의 협력업체가 되기까지 3개월 동안 직원들 월급과 관리비로 월 2천만 원이 필요했다. 그 돈을 마련하기 위해 손톱이 빠지고 닳아 없어지도록 열심히 일했다. 새벽 5시 30분쯤 집을 나서면 저녁 11시까지 직원들과 함께 일했고, 11시부터는 2시간 이상 잡무를 처리했다. 서동현 회장님은 '자네는 할 수 있어'라는 말로 자주 용기를 북돋워주셨다. 그분의 말씀처럼 '하면 되는 거야', '포기할 수 없어', '언젠가는 쨍하고 해 뜰 날이 올 거야'라며 체면을 걸듯이 나 스스로에게 말했다.

삼성항공㈜의 협력업체로 등록해서 똑같은 용품을 만드는데도 삼성이 만든 것하고 달랐다. '삼성이 만들면 다르다'는 캐치프레이즈를 증명하듯이 그들만의 표준 모델을 만들어놓았다. 로드맵이 있고 매뉴얼이 있었다. 매뉴얼대로 하면 안 될 것이 없었다.

남들처럼 하면 남들만큼밖에 되지 않는다. 새로운 사장으로 부경을 맡았을 때 직원들에게 한 이야기가 있다.

"며칠 전까지만 해도 나는 여러분과 같은 근로자였습니다. 지금은 비록 사장이라는 직함을 달고 있지만, 사장의 역할이 따로 있다고 생각하지 않습니다. 여러분과 나는 공동운명체입니다. 여러분과 같이 먹고 자겠습니다. 나를 믿고 따라주십시오."

직원들에게 동기부여를 하려면 그들의 마음을 먼저 움직여야 했다. 부경에는 전 직장에서 함께 일했던 동료도 2명 있었다. 나는 직원들과 소통하기 위해 모일 때는 항상 둥그렇게 둘러섬으로써 수평적인 조직을 만들어나갔다. 인사도 그렇게 둘러서서 했다. 직원들의 마음을 얻는 가장 확실한 방법은 바로 솔선수범하는 것이다. 나는 하지 않으면서 다른 사람에게 요구하기만 하면 아무도 열심히 하려 들지 않는다. 나는 직원들보다 더 일찍 나와서 맨 마지막에 퇴근했다. 직원들과 똑같이 궂은일도 함께하며, 순수익이 생기면 직원들과 똑같이 공유했다.

진심은 통하게 마련이다. 그런 간절한 마음이 있었기에 지금에 이를 수 있지 않았나 생각한다.

담대함과
용기로 얻은 기회

1995년 삼성은 전격적으로 '신바람 경영'을 발표했다. 사람이 신명 나게 일하면 안 될 일이 없고 집중력이 올라감으로써 경영 실적으로 이어진다는 취지였다. 이것은 삼성그룹 경영혁신의 시발이었고, 나는 이건희 회장의 신바람 경영이 삼성그룹을 오늘의 세계적인 일류기업으로 만들었다고 생각한다.

삼성항공㈜ 역시 중소기업과 상생 협력을 통한 기술 이전화 사업을 펼치고 있었다. 1995년 삼성항공㈜ 사장과 협력업체 대표들이 회의를 하는 자리였다. 자유 토의 시간이 되자 사장은 추가로 할 이야기가 있으면 말해 보라고 했다. 중소기업 사장들은 보통 모기업 대표 앞에서 별다른 이야기를 하지 않는다. 소위 말하는 갑에게 을이 할 말을 다 하기란 쉽지 않은 일이다. 하지만 나는 과감히 손을 들고 한마디 했다.

"우리 회사는 삼성의 가족 회사가 된 것을 아주 영광스럽게 생각합니다. 하지만 삼성과 협력사의 기술 차이가 너무나 현격합니다. 모기업인 삼성항공㈜ 현장을 둘러보니 첨단 기술력과 고급 기계로 제품을 생산하고 있었는데, 우리 같은 협력사에게도 그런 기회를 주셨으면 합니다."

사실 주제넘은 이야기였다. 하지만 삼성항공㈜ 사장은 진지하게 물었다.

"구체적으로 어떤 부분을 말하는 겁니까?"

"최신 CNC 기계가 가동되고 있는 것을 봤습니다. 우리도 언젠가는 저런 기계로 제품을 생산할 수 있다는 목표와 꿈을 가지고 일하고 싶습니다. 모기업도 언젠가는 아웃소싱을 해야 하지 않겠습니까?"

CNC 한 대의 가격이 6억 원이 넘는 기계였다.

순간 회의장은 찬물을 끼얹은 듯 조용했다. 모두 쓸데없는 말을 했다는 표정이었다.

삼성도 이제 막 기계를 들여서 가동한 것인데, 협력업체가 벌써부터 아웃소싱 운운하니 기막힐 일이었다. 옆에 있던 실무자들은 황당한 표정을 짓고 있었다. '저 사람이 결국 일을 내고 마는군' 하는 표정이었다. 하지만 삼성항공㈜ 사장은 고개를 끄덕이며 말했다.

"무엇보다 중요한 발언을 했습니다. 팀장, 전무, 저런 말들을 새겨들어야 합니다. 세 살짜리 아이에게도 배울 것이 있다는 옛말이 있어요. 협력업체 대표들은 왜 모두 입을 닫고 침묵하는 겁니까? 실무자들이 아무 말 하지 말라고 하던가요? 틀에서 벗어나려고 몸부림치는 저런 사람이 있어야 합니다. 저 사람 말이 맞지 않습니까? 삼성이 언제까지 이걸로 먹고살겠습니까? 지금은 최신 기술이지만 얼마 뒤면 그저 그런 기술에

1997년 미국 텍사스 록히드 마틴(Lockheed Martin) 방문 기념 촬영(오른쪽에서 세 번째가 필자)

불과할 겁니다. 우리는 더 높은 길로 가야 합니다. 이 정도 기술은 충분히 아웃소싱을 할 수 있어요. 실무자들은 적극 검토해 보고 매월 나한테 보고하세요."

삼성항공㈜의 유무성 대표님은 무슨 뜻으로 이런 이야기를 했을까. 단지 권위를 내세우기 위해, 혹은 나를 두둔하기 위해 한 말은 분명 아니었다. 그것이야말로 앞선 경영 마인드가 아니었을까. 사실 나는 말도 안 되는 얘기를 꺼낸 것이었다. 우리는 그만한 기계를 살 수도, 그것을 들여놓을 자리도 없었다. 그야말로 앞뒤 재보지 않고 던진 말이었다.

그 뒤 실무자들은 나만 보면 한마디씩 했다.

"사장님, 작년 매출이 최고였고 그만큼 밀어줬으면 됐잖아요. 왜 쓸데없는 말씀을 하셔서 일을 복잡하게 만드세요. 사장님이 그런 얘기를 하면 우리가 어떻게 합니까? 그래서 회의 들어가기 전에 별다른 얘기는 하지 마시라고 당부하지 않았습니까?"

외주 관리 부서도 몹시 곤란한 상황에 처했다.

"사장님한테 매월 뭐라고 보고해야 합니까?"

부경은 기계도 없고, 가공할 기술자도 없고, 공장도 임대이고, 그 기계가 들어갈 자리도 없고, 기계를 주문해서 입고까지 3년은 걸리는 일이었다. 어차피 안 될 일을 보고해야 하니 실무자들은 골치가 아플 수밖에 없었다.

그러던 어느 날 삼성항공㈜의 구매부 박상열 부장에게 전화가 걸려 왔다.

"김찬모 사장님, 지금 어디세요?"

"회사 근방에 있습니다."

"그럼 우리 낮술이나 한잔합시다."

박 부장과 나는 창원 장복산 기슭에 있는 백숙집에 앉아 소주를 들이켰다.

"사장님 때문에 머리가 아파 죽겠습니다. 일 좀 달라고 해서 제일 많이 줬는데, 우리 사장님 있는 자리에서 쓸데없는 소리를 했으니 말입니다. 보고서에 뭐라고 써야 한단 말입니까?"

나는 할 말이 없었다.

"미안합니다. 하지만 준비할 테니 기회를 주세요. 먼저 공장 부지부터 구해 보겠습니다."

"그럼 일단 계획서를 제출해 보세요."

그날 우리는 거나하게 취해서 헤어졌다.

그 당시 삼성항공㈜의 근무 시간은 아침 7시부터 4시까지였다.

다음 날 새벽같이 출근했는데, 갑자기 전화벨이 울렸다.

전화를 받으니 박 부장이었다.

"벌써 출근하셨네요?"

이런 식으로 박 부장은 여러 번 나를 떠보았다. 심지어 우리 집에 찾아온 적도 있었다. 매출 13억 원 이상 올리는 사람이 임대아파트에 살고 있다고 하니 그 집이 진짜 우리 집인지, 가족이 함께 살고 있는지 확인하러 온 것이었다.

그러던 어느 날 삼성항공㈜ 구매부에서 급히 들어오라는 연락이 왔다. 삼성항공㈜에서 나에게 내민 것은 부경 부품 가공 계획서, 소위 대기업의 중소기업 기술 이전화 계획서였다.

'앞으로 1개월 뒤 200평짜리 공장을 임대하겠습니다. 아직 기계를 구매할 능력이 되지 않으니 두어 대 임대해 주면 그걸로 개발해서 나중에 꼭 갚도록 하겠습니다.'

언제까지 뭘 어떻게 하겠다는 로드맵과 프로세스는 이미 나와 있었고, 우리가 거기에 맞추는 방식이었다. 기한은 1년 정도로 잡았다.

박 부장은 단지 보고하기 위한 자료를 만들었는지도 모른다. 하지만 나에게는 무척 관대하고 우호적이었다. 그렇게 박 부장이 만든 자료는 삼성항공㈜ 유무성 대표님께 보고되었다.

사업은 운수가 따라야 한다는 말이 있듯이 운이 좋게도 삼성항공㈜과의 관계가 잘 풀려나갔다. 이것은 작은 회사 ㈜부경이 삼성항공㈜으로부터 적극적인 기술 지원을 받게 된 시발점이었다. 오랜 시간이 흐른 지금도 삼성항공㈜의 박상열 부장과 유무성 대표님께 감사한 마음 여전하다.

이 두 분 말고도 많은 분들이 나에게 우호적이었고 본사 감사팀의 역할도 있었다. 몇 번의 본사 감사에 나는 유불리를 생각하지 않고 있는 그대로 원칙대로 대응했다. 지금 생각해 보면 이것이 상호 간 신뢰를 가지게 된 계기였던 것 같다.

오랜 시간이 흘렀지만 그 당시 유무성 대표님을 나는 결코 잊을 수 없다. 유독 나를 친동생처럼 아껴주시고 가끔 행사 때 만나면 "어려운 일은 없어?"라고 묻고 격려하면서 나에게 큰 용기를 주셨다.

대기업의 아름다운
기술 이전

　　삼성항공㈜으로부터 기술 이전을 지원받게 되자 그다음 할 일은 자금을 마련하는 것이었다. 나는 중소기업진흥공단 기술신용보증기금 등을 찾아다니면서 동분서주했다.

　　나는 담당자를 만나 자신 있게 말했다.

　　"일단 기계를 들이고 나면 삼성에서 우리 회사에 일을 많이 주겠다고 약속했습니다."

　　담당자는 못 믿겠다는 표정으로 나를 쳐다보았다.

　　"당신 말을 어떻게 믿고 우리가 보증을 선단 말입니까?"

　　"삼성항공에서 기술 이전을 약속했습니다. 아주 큰 프로젝트입니다."

　　그러자 담당자의 표정이 달라졌다.

　　"삼성항공㈜에서 지원을 약속한다는 계약서나 확약서 같은 것이 있나요?"

1995년 삼성항공(주) 워크숍 기념사진(앞줄 오른쪽 여섯 번째가 그 당시 유무성 대표님)

"삼성항공에 요청해서 받아오겠습니다."

삼성항공㈜이 작은 협력사에 투자하면서 자금 보증을 서줄 이유도 없지만 결코 쉬운 일도 아니었다. 삼성항공산업㈜의 법적 등기 이사만 34명이었다. 이사회 승인을 받아야 하는데, 우리 회사 규모로 봤을 때 지급보증 금액 8억 원은 허무맹랑한 금액이었다.

그러나 나는 치공구나 금형 제조만으로는 회사를 안정화하기에 역부족이라는 것을 느꼈다. 치공구와 금형은 모델 변경이나 신규 제품을 개발할 때만 주문이 들어오기 때문이었다.

나는 관련 부서 담당자들이 귀찮아할 정도로 찾아다니며 의지와 뜻을 전했다. '지성이면 감천', '포기하지 말라!', '하면 된다!', '되니까 하라' 등 긍정의 말들을 끊임없이 되뇌이면서 말이다. 간절함이 통했던 것일까. 삼성항공산업㈜ 이사회에서 과반 이상의 찬성으로 ㈜부경의 기술 이전화 지원금 8억 원의 연대 지급 보증이 승인되었다.

보증서 발급을 위한 이사회 회의록이 가짜로 오인되어 사실을 입증해야 하는 해프닝이 있기도 했지만 그 사건으로 기술신용보증기금과는 더욱 신뢰 관계를 유지할 수 있었다. 그때 담당자였던 기술신용보증기금 이순동 차장의 긍정적 마인드에 깊은 감사의 마음 전한다. 이순동 차장은 지점장을 거쳐서 최근에 본부장으로 퇴임하셨다.

당시에 이순동 차장은 늘 부하직원들에게 이렇게 말했다.

"중소기업은 열악한 환경에서 일한다. 어렵고 힘드니까 우리를 찾아오는 것이지, 그렇지 않으면 은행이나 다른 기관을 가지 않겠나. 안 되는 이유부터 말하지 말고 될 수 있는 방법부터 찾아보라."

이런 분이 있었기에 많은 중소기업이 기술 개발, 기계 설비를 충원할 수 있었다고 본다.

운칠기삼運七技三, 운이 7할, 노력이 3할이라는데, 사업을 하면서 나는 운이 좋았다고 느낀 적이 여러 번 있었다. 그 운이란 다름 아니라 힘들 때마다 좋은 사람들을 만나서 도움을 받은 것이었다. 삼성항공산업㈜의 도움을 받아 그 당시 현대중공업의 머시닝 센터와 수직선반을 구매했다.

그중 잊을 수 없는 사람이 현대중공업 공작기계 영업 담당 김정길 부장과 김홍범 대리이다. 그때 8억 원도 큰돈이었지만, 3차원 측정기 1대, 수직선반 1대, 머시닝 센터 1대를 구매하기에는 모자랐다.

　김정길 부장과 김홍범 대리는 중소기업의 환경을 대기업 측에 알리는 방법으로 몇 번이나 금액을 조정해 주었다. 그분들은 공작기계 영업 담당 본부장(상무)에게 우리 중소기업의 어려움과 항공기 엔진을 개발해야 하는 절박한 상황을 편지로 써서 보내보라고 조언했다. 나는 간절한 심정을 편지에 담아서 팩스로 담당 부서 임원에게 보냈다.

　밑져야 본전이라는 생각으로 큰 기대를 하지 않고 보낸 편지가 놀라운 결과로 돌아왔다. 전날 퇴근 시간 이후에 팩스를 보냈는데 다음 날 회사에 출근해 보니 이미 회신이 와 있었던 것이다. 중소기업의 어려운 여건을 격려하는 내용과 함께 계약금에서 2천만 원을 조정해 주겠다는 답변이 적혀 있었다. 정말 꿈만 같은 선물이었다. 나는 감사의 편지를 또다시 보냈다. 현대중공업이 공작기계 사업을 포기하면서 더 이상 현대중공업의 기계를 구매할 수는 없었지만 그 사업권을 물려받은 함안의 한국정밀공작기계에서 만들어진 기계로 우리 회사의 70퍼센트가 가동된다고 할 수 있다.

　이 일을 계기로 나는 아무리 힘든 일도 절대 포기하지 않는 근성을 가지게 되었다.

　김정길 부장님은 이사로 정년퇴임을 하신 후 지금은 밀양 얼음골에 정착하셔서 사과 농사 등으로 소일거리를 하며 보내신다. 김홍범 대리는 현재 창원에서 중견 기업을 경영하고 있다. 잊을 수 없는 고마운 세 분의 건강과 행복을 기원한다.

20년이 넘은 일이 마치 어제 일처럼 생생하다. 지금은 삼성항공산업 ㈜과 삼성테크윈이라는 상호가 없어지고, 4년 전 ㈜한화로 인수 합병되었다.

우리 회사 정문 벽에 '주식회사 부경은 삼성테크윈 위성공장'이라는 인증패가 새겨져 있다. 부경의 역사는 삼성테크윈과 상생하며 동반 성장을 해온 시간이기도 했다. 한때 과도한 신뢰로 인해 주위의 견제를 받기도 했다. 후일담에 따르면 삼성항공㈜ 구매부에서는 "부경 김찬모가 하는 일 모두 밀어줘라! 그럴 만한 사람이다"라는 말이 나오기도 했다고 한다.

중소기업의 데스벨리가 사업 후 4~5년이라고 하는데 나는 그 기간에 삼성항공㈜을 만났다. 부경을 물심양면 아껴주신 유무성 대표, 박상열 부장, 정종수 전무, 장금제 상무, 장명훈 과장, 정길식 대리, 박상제 부장, 고 이운방 씨 등 100명이 넘는 분들의 이름을 일일이 다 열거할 수는 없다. 하지만 우리와 같은 작은 중소기업과 손잡고 의기투합했던 고마운 분들의 이름을 평생 잊을 수 없을 것이다.

인사가 만사라고 했다. 누구나 쉽게 의리와 신용을 들먹이지만 정작 실천하기는 쉽지 않다. 기업가가 갖추어야 할 가장 중요한 덕목은 바로 '의리'와 '신용'이다. 이것은 ㈜한화의 사훈이기도 하다. 기업을 경영하는 데 있어서 이보다 더 중요한 것이 있을까 싶다. 이제까지 경영을 해오면서 나는 인간관계를 가장 중요시했고, 의리와 신뢰를 목숨처럼 소중히 여기며 실천하고 있다.

끝없는 실패와 도전
그리고……

　항공기 엔진은 특수 기술로 내구성과 내열성이 아주 강한 니켈 합금과 티타늄 소재로 만들어지기 때문에 처음 2~3년 동안은 불량률이 높았다. 양산 제품인데도 불량이 많아서 변상 금액이 납품금의 3배가 넘을 때도 많았다. 처음에 만들었을 때는 괜찮은데 시간이 지나면서 변형이 되는, 소위 가공 열변형의 원인을 찾지 못했던 것이다. 그러다 보니 삼성항공(주)에서 아낌없는 지원을 해주었는데도 회사는 또다시 위기에 봉착하고 말았다.

　IMF 이후 달러가 급등하고 원자재 변상 등으로 부채가 나날이 늘어나면서 자금난에 시달렸다. 더구나 불량률을 인정해 주지 않는 항공산업의 특성상 작은 결함도 고스란히 리스크로 돌아왔다. 엎친 데 덮친 격으로 환차손까지 크게 발생하자 고민 끝에 사업을 접을 수밖에 없었다.

　"이제 더 이상 버틸 수 없습니다. 그만 사업을 접어야겠습니다."

그러면 직원들은 되레 나를 격려해 주었다.

"사장님, 이제 와서 포기하면 안 됩니다. 지금까지 잠시도 기계에서 떨어지지 않고 열심히 하셨잖아요. 절대 포기하지 마세요."

나는 모든 것을 정리하고 절에 들어가려고 머리까지 짧게 깎았다. 절에 들어가서 모든 것을 잊고 싶었다. 실제로 절에 들어간 적도 있었다.

이런 극한 어려움 속에서 더 이상 버티지 못하고 기업은행 창원 지점 기업 담당 차장에게 회사를 접겠다는 의사를 전했다. 그러자 차장님은 지금까지 최선을 다했는데 다른 방법을 찾아보자고 말했다. 그리고는 우리 회사에 대한 재평가 · 재감정을 통해 4억 원보다 훨씬 더 많은 7억 원을 빌려주겠다고 약속하고 3억 원을 먼저 대출해 주었다. 나는 3억 원으로 부채 정리를 하고 4억 원을 운전자금으로 써서 다시 한번 해보겠다는 뜻을 밝혔다.

절대 포기하지 말라고 격려해 주시면서 나를 믿고 무리하게 대출해 주신 그 당시 기업은행 윤조경 차장님은 2년 전 부행장을 끝으로 퇴임하셨다. 중소기업의 고충을 누구보다 이해해 주신 그분께 뒤늦게나마 감사한 마음 전한다.

"공구값 언제 줄 겁니까?" "자재값은 언제 줄 거요?" 회사 운전자금이 달리자 거래처의 독촉 전화에 도무지 일에 집중할 수가 없다. 우선 대출을 받아 어느 정도 정리하고 나니 제품을 생산하는 데 집중할 수 있었다. 자금을 충분히 확보하고 나니 돈에 쫓겨서 급하게 생산하지 않고 매뉴얼에 따라 하나하나 꼼꼼히 만들어갈 여유가 생겼다.

그러던 어느 날 모기업인 삼성항공㈜의 품질 담당자가 회사로 찾아왔다.

"사장님, 대체 어떻게 된 겁니까?"

나는 또 불량이 나왔나 싶어서 가슴이 철렁 내려앉았다.

"왜요? 또 무슨 문제라도 있는 겁니까?"

얘기인즉 이번에 납품한 70개의 품질이 모두 양호하다는 것이었다. 이전에는 3분의 1이 불량이었는데 지금은 품질이 일정하고 안정되었다고 했다.

"사장님, 뭘 어떻게 하신 겁니까?"

"이전하고 똑같이 했는데……."

"분석을 해봐야 알겠지만 앞으로 계속 이 정도를 유지한다면 문제없습니다."

굳이 분석하지 않아도 그 이유를 알 수 있었다. 급하게 서두르지 않고 매뉴얼대로 원칙과 기본을 지키면 되는 일이었다.

2006년 어느 날 삼성항공㈜은 협력업체를 불러 신규 물량에 대해 사업설명회를 하고 함께 투자하자는 제안을 했다. 그러면 앞으로 30년간 생산 물량이 있을 것이라고 했다. 일명 GENX 사업으로 우리 회사에서 투자해야 할 총 금액이 60~70억 원이었다. 우리 회사가 감당하기에는 너무 큰 프로젝트였다. 당시 30억 원의 매출 규모로는 엄두도 내지 못할 일이었다. 투자 조건도 올해 다섯 대 개발하면 내년에 열 대 개발하는 식으로 점점 늘어나는 것이었다.

그리고 계약 연도부터 5년간 해마다 5퍼센트씩 단가를 절감해야 했다. 보통 처음에는 수량이 적기 때문에 삼성에서 개발비를 지원해 주었

창원에 있는 (주)부경의 생산 공장 일부

다. 그러나 이번에는 개발비를 지원하지 않고 매년 5퍼센트씩 줄여나간 다는 것이었다. 삼성항공㈜이 GE와 그 조건으로 계약을 맺었기 때문에 우리도 그에 따라야 한다는 것이다. 5년간 단가를 25퍼센트를 내리면 남는 것이 있을까 싶었다(소위 'RSP 계약'이란 것이다).

물가상승률이 연 5퍼센트인데 단가를 그만큼 줄이면 사실상 남는 게 없을 수도 있었다. 나름대로 계산을 해본 협력업체들은 대부분 참여하지 않겠다는 뜻을 밝혔다. 하지만 나는 맨 먼저 참여하겠다고 손을 들었다. 삼성항공㈜이 손해를 감수하고 GE와 그런 계약을 하지는 않았을 것이라고 판단했기 때문이다.

삼성항공㈜은 모델 데이터가 별로 없으니 각자 연구해서 개발하라고 했다. 반신반의하며 참여한 업체들도 몇몇 있었지만 나는 적극 동참했다. 그때가 2006년이었다. 차세대 GENX의 신규 모델 엔진은 지금까지 10년 넘게 양산하고 있고, 인기 엔진으로 우리 회사의 주력 매출 상품이자 주 수입원이 되었다.

비록 리스크가 적지는 않았지만 나는 모기업을 믿고 최선을 다했다. 계산기를 세밀하게 두드린 것은 아니지만 대기업 삼성항공㈜을 믿고 밀고 나갔다. 운칠기삼運七技三이라고 했다. 성공하는 데는 운이 7할, 노력이 3할을 차지한다는 뜻이다. 운이 따라주지 않으면 뜻을 이루기 어렵다. 하지만 최선을 다하고자 하는 의지가 있을 때 운이 따른다는 사실을 깨달았다.

대기업과
중소기업 상생의 길

㈜부경을 인수할 때만 해도 직원 13명에 매출액 2억 5천만 원이 채 되지 않았다. 고비에 고비를 넘기면서 이끌어온 결과, 지금은 직원 60명에 자재비를 제외하고 100억 원이 넘는 매출을 올리는 임가공 사업 분야의 강소기업으로 성장했다.

사업에서는 무엇보다 순이익이 중요하다. 순이익 10퍼센트 정도면 충분히 운영할 만하다. 하지만 그만큼의 순이익을 남기는 회사가 많지 않다. 순이익이 5퍼센트만 되어도 유지할 수 있다는데, 우리 회사는 모기업의 아낌없는 지원으로 순조롭게 운영하는 편이다. 하지만 여기에 만족하지 않고 지속적인 R&D 투자를 하고 있다.

우리나라 경제와 산업이 발전하려면 중소기업에 대한 지원 정책부터 바뀌어야 한다. 헌법 제123조 제5항에도 '정부는 중소기업을 지원해야 한다'고 명시되어 있다. 오랫동안 중소기업을 운영해 온 기업인으로서 우리나라 중소기업 정책의 문제점을 다음 세 가지로 요약할 수 있다.

첫째, 중소기업을 지원하는 유사 제도로 인해 지원에 한계가 있고 집중 지원이 되지 않음으로써 시너지 효과가 미흡하다는 점이다. 중기벤처기업부, 각 지자체, 또 출연기관의 유사한 지원 정책으로 혜택이 많은 것처럼 보이지만 실상은 각 지원 기관의 실적 평가를 위한 보여주기식 정책인 경우도 있다. 이제는 세계 최고만이 살아남을 수 있는 시대이다. 정부가 기술적 가치와 상업적 가치를 면밀하게 평가한 뒤 최고의 제품을 만들 수 있는 분야에 집중적인 R&D 지원을 하기 바란다.

기술연구소의 인프라와 아이템이 있는 대기업의 미래 산업(4차 산업)에 집중적으로 지원함으로써 세계의 히든 챔피언을 만들어내야 한다. 일방적 지원이 아닌 정부와 대기업의 매칭 투자로 시너지가 배가될 수 있어야 한다. 그 대신 대기업의 구태의연한 산업 아이템들은 과감히 중소기업으로 이전하여 중소기업이 국제시장에서 최고의 경쟁력을 갖도록 유도해야 한다. 우리나라의 산업 구조에서는 일부를 제외한 원청 기업들이 어린아이 입에 든 사탕을 뺏어 먹듯이 중소기업의 아이디어를 뺏고, 단가를 터무니없이 깎아내려 이익과 부를 축적한다. 이런 산업구조가 오히려 부의 양극화를 부추기는 원인이 되며, 기업의 사회적 책임에 역행하는 모순의 시발점이 되고 있다.

둘째, 중소기업도 이제는 변해야 한다. 안정화 단계에 올라섰다고 해서 안주하지 말고 오랜 경험과 노하우를 바탕으로 R&D에 과감히 투자해야 한다. 대기업에 종속되는 것이 아니라 열린 비즈니스를 통해 세계 시장에 진출할 수 있는 경쟁력을 길러야 한다.

셋째, 뿌리 산업이 있다면 허리 산업도 있고 머리 산업도 있게 마련이다. 중소기업은 뿌리와 허리 산업으로 경쟁력을 극대화해 국가 산업의 근간을 튼튼히 받치고, 대기업은 양질의 머리 산업(4차 산업)으로 국가 경쟁력을 이끌어야 한다. 튼실한 중소기업이 튼실한 국가를 만든다. 그러기 위해서는 대기업이 중소기업을 착취하는 것이 아니라 상생 경영을 펼쳐야 한다.

마이클 샌델은 《정의란 무엇인가》에서 "정의가 무엇인지 연구하며 갈 뿐이다"라고 말했다. 내가 말한 것도 정답은 아니다. 우리는 더 나은 정책을 얼마든지 생각해 낼 수 있다. 더 좋은 중소기업의 환경과 경제 발전을 위해 끊임없이 노력하고 개선해 나가야 할 것이다.

중소기업의 환경은 대기업의 절반 수준에도 못 미치는 경우가 태반이다. 중소기업에서 연봉 4천만 원을 받는다면 대기업은 1억 원을 받는다. 우리나라 중소기업 사장들의 70퍼센트가 빚더미에 앉아 있다. 우리나라 양극화의 시초는 대기업과 중소기업의 구조적 문제 때문이라고 할 수 있다. 기업 간 임금과 복리후생의 격차가 고스란히 개인의 격차를 빚어내는 것이다. 경제구조의 양극화는 결국 이념과 갈등을 심화하는 형국이다. 우리 회사는 내가 노조를 만들라고 해도 직원들이 만들지 않는다. 사실상 기반이 약한 중소기업에서 노조를 만들어 회사 측에 요구한들 더 이상 얻을 것이 없다.

　우리나라가 다시 도약하려면 구조적인 개혁과 혁신이 따라야 한다. 어두운 밤이 지나고 아침이 밝아오듯이 서서히 바뀌는 것은 개혁이 아니다. 조금씩 개선하는 것으로는 구태의연한 방식에서 벗어날 수 없다. 광복 70년, 짧은 시간에 많은 변화가 있었던 것은 사실이지만 지금 다시 한 번 개혁과 혁신을 이루지 못하면 우리에게 미래는 없다. 지도자의 튼실한 지도력이 요구되는 시점이다.

　지도자의 자질은 리더십이고, 그 리더십은 상상을 현실로 만드는 능력임을 백 번 천 번 강조하는 바이다.

think about

기업가가 생각하는 김찬모 대표
㈜세이펜 전자 대표이사 김철회

"첫인상만 보면 냉정한 분이라고 느낄 수도 있는데,
겪어보면 가슴이 아주 따뜻한 분이시죠.
김 대표님의 열정, 나눔의 정신을 닮고 싶어요."

㈜부경을 방문한 ㈜세이펜 전자 김철회 대표, ㈜스타리치 어드바이져 이혜숙 총괄이사와 함께

- 김찬모 대표님을 언제 처음 만나셨나요?

2015년 11월 경남 창원에서 열린 제4회 기업가정신 콘서트 때 처음 뵈었죠. 아시다시피 '기업가정신 콘서트'는 성공한 기업인의 경영 철학과 노하우를 들어보고 기업가정신의 의미를 되새기는 시간이잖아요. 그때 김찬모 대표님은 '애국자가 되어야 한다'는 말로 강연을 시작하셨는데, 소중함을 잊고 살 때가 많은 공기와 물처럼 국가도 우리에게 그런 존재라는 것을 강조하면서 대한민국이라는 든든한 울타리가 있어 우리가 가족과 친구, 직장 동료 등과 함께 행복하게 살 수 있다고 하셨어요. 기업을 운영하는 저에게도 큰 울림이 있는 말씀이셨죠.

- 강연 이후로도 김찬모 대표님과의 인연이 계속되었나요?

물론이죠. 처음 창원에서 인사를 드린 이후로 기업가정신 콘서트에서 이야기를 나눌 기회가 있었죠. 김 대표님과 이야기를 나누다 보니 저하고 공통된 생각을 많이 하시고 계셨어요. 그다음부터 서로 문자를 보내거나 메시지를 주고받으면서 안부를 묻는 사이가 되었죠. 그런데 김 대표님 성격이 제가 생각했던 것보다 훨씬 적극적이고 매우 열정적이셨어요. 사람이 대부분 나이를 먹으면 열정이 점차 사그라지잖아요. 보통 젊은 사람은 생각보다 행동이 앞서는데 나이가 들면 행동이 생각보다 뒤처지죠. 그리고 생각이 많아지니까 행동이 생각을 쫓아가지 못하고요. 그런데 김 대표님은 생각과 행동이 거의 같아서 바로 실행에 옮기는 분이더라고요. 그래서 돈 많이 번 기업가라기보다 대단한 사람이라는 느낌이 먼저 들었습니다.

우리 회사 창립 20주년 때 김 대표님이 큰 도자기 항아리를 선물로 가져오셨어요. 창원에서부터 들고 오기가 만만치 않았을 텐데 말이에요. 너무나 감사한 마음에 서울에서 하룻밤 묵고 간다고 하시기에 마침 제가 갖고 있던 호텔 숙박권을 대표님께 드렸어요. 마치 미리 준비한 것처럼 '여기서 1박을 하십시오'라고 했어요. 그랬더니 김 대표님이 너무도 환하게 웃으시며 좋아하셔서 속으로는 송구스럽더라고요.

- 그 이후 김찬모 대표님과의 교류는 어떠셨나요?

그렇게 서로 마음이 통한다는 것을 느끼고 나서는 교류의 선순환이 이루어졌다고 할까요. 한번은 김 대표님이 운영하는 창원의 부경 공장을 방문할 일이 있었어요. 그때 김 대표님이 직접 공장을 하나하나 보여주시고 친절히 설명해 주셨는데, 현장 직원들이 김 대표님 대하는 모습이 참 인상적이었어요. 그저 월급이나 주는 사장이 아니라 큰형님처럼 여기고 존경하는 모습이 묻어나는 거예요. 그런 느낌이 참 좋았고 정말 신선했어요.

그리고 김 대표님이 그때 아주 오랜 시간 공들인 일이 몇십 년 후 성과로 돌아온다는 말씀을 하셨는데, 부경에서 생산하는 프로펠러를 깎는 공정 자체가 한 인간의 삶과 같더라고요. 그런 아이템과 정신으로 사업을 하시는 분이니 더 진국처럼 느껴졌죠. 제품 하나를 만들려고 해도 부경에서는 아주 오랜 연마의 시간이 필요하다고 하더라고요. 아주 두꺼운 하나의 쇳덩이를 물과 기름을 뿌려가면서 깎고 깎아서 프로펠러를 만들어야 하잖아요. 그냥 조립하듯이 땜질해서 이어 붙이면 프로펠러가 강하지 못하겠죠. 저항보다 더 큰 고통을 이길 수 있는 큰 힘이 프로펠러 속에 있는 것이라고 느껴졌어요. 어찌 보면 그 안에 철학이 있는 거지요. 김 대표님이 프로펠러 하나도 그렇게 뚝심 있게 깎아서 만드는데 인간관계를 쉽게 생각할 리가 없지요.

- 출판사에서 책을 만드는 과정과 비슷할 수도 있겠는데요?

우리가 만드는 책도 처음 기획하고 제작해서 판매할 때까지 1~2년 정도 걸리고 어느 때는 그 이상 걸릴 때도 있잖아요. 그런 관점에서 보면 어떤 일이든 고통을 견딜 만큼 견뎌야 성과가 만들어진다는 생각이 들어요. 오랜 시간 기다림과 고난을 이겨내야 성과가 이루어지는데 그 사이에 관련된 사람들이 일을 그만둘 수도 있고 자금난을 겪어 회사가 도중에 문을 닫을 수도 있어요.

비 올 때 시작했는데 눈이 오고 태풍이 불어닥칠 때까지 끝내지 못할 수도 있고요. 그러니 실수가 두렵고 실패가 두려운 거예요. 이런 알 수 없는 변수들을 극복하려면 뚝심이 있어야 한다고 생각해요. 그래서 제품 생산 과정에서 실패를 겪지 않기 위해 더 꼼꼼하고 더 정확하고 더 철저할 수밖에 없지요. 김 대표님에게서는 산전수전 다 겪고 백전백승을 이룬 내공이 느껴지더라고요.

- 김찬모 대표님과 나이 차이가 있는데 어떻게 형님이라고 부르게 되셨나요?
보통 남자와 남자가 만나면 수가 비슷하다고 느끼거나 아니면 아예 존경하거나 혜택을 받는 관계가 맺어지잖아요. 그런데 김 대표님과는 서로 느낌이 딱 맞았어요. 《삼국지》에 비유하면 너무 거창하긴 하지만, 유비, 관우, 장비도 도탄에 빠진 백성을 살리겠다는 뜻으로 의기투합해 도원결의를 했잖아요. 조자룡도 그렇게 만났고요. 짧은 순간이라도 척 보면 선수끼리 서로 알아보는 거죠. 긴말이 필요 없었어요. 10년을 만나도 동생 같지 않고 형님 같지 않은 인간관계도 있죠. 힘들게 일할 때 한 줄기 바람이 불어오면 '바람이 참 시원하구나' 하는 사람이 있는가 하면, '힘들어 죽겠는데 뭐가 바람이 시원하냐'고 하는 사람도 있잖아요. 그럼 서로 수가 안 맞는 거죠. 김 대표님과 이야기하다 보니 우리는 깊이라고 표현하는데, 깊이가 딱 맞았어요. 그래서 제가 '형님으로 모시겠습니다' 했더니 김 대표님이 '영광이지' 그러시더라고요.

- 김찬모 대표님을 만나시면서 어떤 생각이 드셨나요?
사실 지역사회에서 돈 벌려고 혈안이 된 사람이라는 평을 들으면 누가 국가를 위해 일한 사람이라고 생각하고 존경하겠어요? 대부분 어느 정도 자리 잡고 돈 벌면 안주하거나 남이야 어떻게 되든 자기만 잘살면 된다고 생각하는 사람들이 많은데 김 대표님은 그런 모습을 찾으려야 찾을 수 없었어요. 기부, 봉사, 희생하는 삶을 살려고 노력하는 모습을 지켜보면서 또 한 번 놀랐죠. 생각을 많이 하시는 것만큼이나 부지런하고, 무엇인가를 하고자 하는 실천력은 물론이고 의지가 대단하신 것 같아요. 그러니 어려운 상황 속에서 사업을 이끌면서 이만큼 왔겠구나 하는 생각이 들더라고요. 그리고 식사할 때나 대화할 때 보면 자기 주도적인 분이세요. 얼핏 보면 자기 뜻대로 하는 것 같지만 누군가 그렇게 앞장서지 않으면 일이 안 풀리는 경우가 많잖아요. 늘 자신 있게 분위기를 주도합니다. 뒤로 빠지는 리더십이 아니라 앞장서는 리더십이라고 할까요. 그런 모습을 보면서 '나는 앞으로 어떤 모습으로 살아야 할까' 생각하기도 합니다.

- 김찬모 대표님 말씀 중 기억에 남는 것은 무엇인가요?
김 대표님은 늘 '같이 잘해 보자. 사람들을 도와주자. 이것이 국가를 위한 일이다'라고 말씀하십니다. 나라를 사랑하는 마음, 조국에 대한 충성심이 강한 분이죠. 김 대표님의 애국심은 아무도 못 따라갈 거예요.
지역에서 접하기 힘든 인사나 유관 기관장, 대기업 임원 등을 초청해서 정보를 교류하고 늘 깨어 있으면서 급변하는 사회 트렌드를 읽으려고 하시죠. 또 미래 먹거리를 위한 핵심 역량을 길러 경쟁력을 향상하려는 노력을 무척 많이 하세요. 하나하나 배울 점이 참 많은 분입니다.

- 김찬모 대표님에게서 닮고 싶은 점이 있다면 무엇인가요?
저도 평소 나름대로 나눔의 가치를 잘 알고 실천하고 있다고 자부했는데 김 대표님을 보니 더 배워야 할 것 같아요. 김 대표님은 정말 많이 나누고 베푸시는 분입니다. 한번은 제가 창원 공장에 갔는데 앞마당에 멋진 소나무가 한 그루 있었어요. 그런데 김 대표님이 '동생, 이거 뽑아 가' 그러시더라고요. 금액으로 따져도 최소 몇백만 원은 할 것 같은데 '여기는 필요 없으니 뽑아 가'라면서 주려고 하시더라고요. 그걸 보고 김 대표님은 참 욕심이 없고 필요한 사람에게 자기 것을 나누고 베풀려고 하시는구나 하고 생각했죠.
현대는 사이코패스가 많은 시대라고 하잖아요. 미국의 조사 자료를 보면 기업의 CEO 가운데 사이코패스 성향이 높은 사람들이 의외로 많다고 하더라고요. 출세한 사람들, 어떻게든 자기 위치를 차지하려는 사람들은 남의 고통에 무관심하기 때문에 공감과 소통을 잘 못한다는 거예요. 그런데 김 대표님은 공감과 소통을 정말 잘하시는 분이에요. 비즈니스에 필요한 가식이 아니라 진정성이 담긴 공감과 소통을 하시죠. 또 목적의식이 강한 사람들은 대개 남과 공감대를 잘 형성하지 못하는데 김 대표님은 머리가 아니라 마음으로, 때로는 타고난 본능으로 공감대를 형성하시는 것 같아요. 첫인상이나 이뤄낸 결과만 보고 냉정하다고 느낄 수도 있는데, 겪어보면 아주 가슴이 따뜻한 분이시죠. 김 대표님의 따뜻한 가슴과 열정, 나눔의 정신을 닮고 싶어요.

– 김찬모 대표님에게 특별히 하고 싶은 말씀은 무엇인가요?
가진 사람들이 많이 나누는 노블리스 오블리주가 우리 사회에 자리 잡아야 한다고 생각해요. 사실 지금도 나누는 분들이 없는 건 아니지만 더 많아져야 해요. 그런 점에서 김 대표님 같은 분이 노블리스 오블리주의 모범으로 건강하게 오래 계셔야 다른 사람들도 본받을 거라고 생각합니다. 저도 그래야 하는 사람 가운데 하나이고요.
대표님을 만날 때마다 제가 하는 얘기가 있어요. '이제 그만 좀 쉬세요.' 사실 대표님 건강이 안 좋으시거든요. 이제는 건강도 좀 챙기고 조금만 덜 하시라는 이야기는 만날 때마다 합니다. 건강하게 오래 같이하고픈 소중한 '형님'이시니까요.

궤변

사이트에서 만난 후배 왈,
김 사장님,
내 일인데 형 노릇 하려고 마소!
지난 시간은 형일지 몰라도
남은 시간은 내가 형이오! 한다.

그래 네가 형이다!
고정관념을 깨자.

— 김찬모

CHAPTER

4

강한 중소기업의 힘

기본부터 지켜라

 부경이 품질 매뉴얼을 잘 지켜서 불량률을 줄이고 양호한 품질이 안정되기까지 6년이 걸렸다. 무엇 때문에 그렇게 오랜 시간이 걸린 것일까? 기본만 지키면 되는 아주 간단한 일이었는데 말이다. 굳이 이유를 들자면 여유가 없었기 때문이다. 중소기업은 소위 말해 하루 벌어 하루 먹고산다고 할 수 있다. 이번 달에 열심히 해야 다음 달 매출이 나오는 식이다. 몇 달의 자금 여유를 두고 일하기 힘든 실정이다. 게다가 몇 년 전만 해도 결제는 한두 달 뒤에나 받을 수 있었다. 시간에 쫓겨서 급박하게 서두르다 보면 매뉴얼을 지킬 시간적, 마음적 여유가 없다. 결국 처음부터 우리가 절차를 지키지 못하고 잘못 만든 것이다. RPM_{revolution per minute}, 즉 분당 회전 속도와 절삭 깊이를 매뉴얼대로 맞추지 않았기 때문에 시간이 지나면서 변형이 발생한 것이다.

 시간에 쫓기다 보면 작업자들은 RPM을 높여버린다. 말하자면 4시간

걸리는 일을 2~3시간 만에 끝내 버리는 것이다. 처음에 측정해 보면 별 문제 없기 때문에 그냥 넘어간다. 하지만 난삭가공이라고 해서 가공하기 어려운 것 중 하나가 바로 열변형을 잡는 일이다.

그런데 하나의 제품이 아니라 300여 가지 아이템을 작업하는데 제품마다 조건이 모두 다르다. 아이템마다 작업 매뉴얼이 다른데, 바쁘다는 핑계로 그 매뉴얼을 지키지 않는 것이다.

'아는 길도 물어서 가라', '급할수록 돌아가라'는 말이 있다. 급하게 서두르다 보면 중요한 것들을 놓치거나 소홀히 할 수 있다. 절박한 상황일수록 하나하나 점검해 나가는 세밀함이 필요하다. 결국 시간을 단축하려고 매뉴얼을 무시함으로써 이후에 더 큰 손해를 치르지 않았는가. 처음에는 기본을 지켜야 한다는 것을 알았지만 제대로 실험하지 못했다. 정밀한 공정일수록 원칙에 충실해야 하는데도 말이다. 어떤 때는 우리가 최적의 가공 조건을 찾아서 생산해야 할 때도 있다. 작업 현장에서는 그 외에 또 다른 사유로 얼마든지 문제가 발생할 수도 있기 때문이다.

외적 요인도 실패의 원인 중 하나이다. 외부에서 들어오는 원자재에 따라 품질이 달라지기 때문이다. 말하자면 쌀이 좋아야 맛있는 떡을 만들 수 있는 것과 같다. 작업 환경과 조건에 따라 원자재의 품질도 제각각이다. 좋은 원자재를 쓰면 좋은 제품이 나오고, 원자재가 질이 떨어지면 완성 시 불만족스러운 경우가 많다. 하지만 초창기에는 그처럼 기본적인 것도 알지 못했다. 모기업에서 들어오는 자재는 모두 똑같다고 여기고 아무런 검사 없이 그대로 사용했던 것이다. 그러니 영문 모를 불량이 나오곤 하는데도, 그 원인을 찾을 수 없었다.

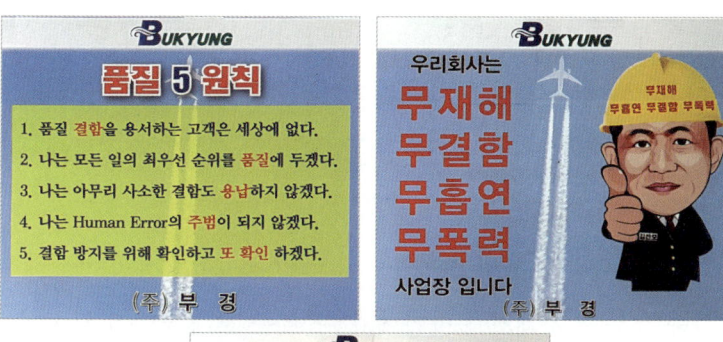

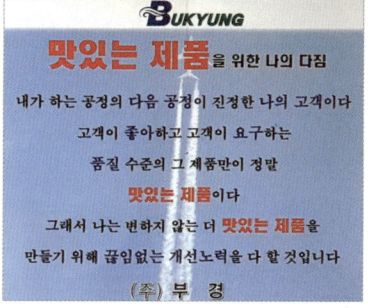

(주)부경의 기본 지키기

　지금도 원자재가 들어오면 규격을 측정하는 것뿐 아니라 강도까지 검사하는 품질 공정을 거친다. 여러 가지 분석해 본 결과 같은 회사 제품이라도 하루 중 어느 시간대에 나오느냐에 따라 경도가 달라진다는 것을 알았다.

　그 모든 노하우를 쌓기까지 6년 동안 경제적인 압박에 시달리기도 했다. 제대로 된 제품을 생산하지 못하니 부채가 늘어난 것은 물론이었다. 눈 감고 밤길을 가는 듯한 심정이었다. 어디로 가야 할지 갈피를 잡지 못했다. 내외적으로 스트레스에 시달리다 보니 침착성을 잃고 원인이나 개선 방법을 찾지 못했다.

지금은 부경의 불량률은 300ppm이다. 100만 개 중에 불량품이 300개 나온다는 말이다. 불량 원인과 사례는 수백 가지가 넘을 것이다. 우리의 생산 공정에서 불량이 나오는 경우도 있지만 생뚱맞은 부분에서 불량이 생기는 경우도 있다.

차에 싣고 가다가 부딪쳐서 불량이 나거나, 0.1을 잘못 계산해서 불량이 나는 경우, 원자재가 불량인 경우, 볼트를 20개 꽂아야 하는데 하나를 빼먹은 경우, 뒤집어놓고 해서 불량이 나는 경우도 있다. A, B, C의 가공 방법 중에 A로 가공해야 하는 것을 C로 가공한 경우도 있었다. 한 가지 제품에 치수 불량, 유사 불량 등 불량의 이유는 이루 헤아릴 수 없이 많다. 6년 동안 그 모든 불량 원인을 경험했다고 할 수 있다. 하지만 아직 또 다른 원인이 얼마든지 나타날 수 있다.

첫 단추를 잘 끼우라는 말이 있다. 처음부터 제대로 해야 한다는 것이다. 매뉴얼은 최상의 품질을 만들어내는 조건과 방식을 적어놓은 것이다. 매뉴얼을 지키라는 것은 곧 기본을 지키라는 뜻이다. 품질관리도 처음부터 올바르게 해야 실수를 줄일 수 있다. 처음에 잘못 습관을 들이면 나중에 그것을 바로잡기가 훨씬 어렵다. 알고 보면 우리는 간단하고 쉬운 길을 6년 동안 어렵고 어렵게 돌아서 왔던 셈이다.

제조사에게 품질은 생명이나 마찬가지다. 특히 항공 부품은 100퍼센트 이상의 안전을 요구한다. 잘못된 부품 하나가 수많은 인명을 앗아가는 치명적인 결함을 초래할 수 있기 때문이다. PPM 수치는 100개의 수치(%)가 아닌 100만 개의 수치이다. 안전한 비행을 위해서 PPM의 목표를 꼭 지켜야 한다.

하면 된다, 되니까 하라!

　18년 가까이 한 회사에서 승승장구하던 나는 1990년 3월 하루아침에 실업자 신세가 되었다. 가족을 먹여 살릴 생각에 눈앞이 캄캄한 데다 늘 1등만 하던 내가 회사에 이용당하고 배신당했다는 생각에 죽고 싶은 생각마저 들었다.

　그러던 어느 날 시외버스터미널의 리어카에서 가수 송대관이 부른 '해 뜰 날'이라는 노래가 흘러나왔다. "꿈을 안고 왔단다, 내가 왔단다, 슬픔도 괴로움도 모두모두 비켜라, 안 되는 일 없단다 노력하면은, 쨍하고 해 뜰 날 돌아온단다." 그때 나는 울먹이면서 이 노래를 따라 불렀다. 그 뒤로 이 노래를 매일 들으면서 나에게도 언젠가는 쨍하고 해 뜰 날이 올 거라고 생각했다. 3년간 이 노래를 매일 불렀던 것 같다. 그러자 정말로 노랫말처럼 쨍하고 해 뜰 날이 내게도 찾아왔다. 지금도 이 노래를 애창하고 송대관 형을 좋아한다.

기업가정신을 주제로 강연을 할 때였다. 청년 창업가들에게 회사 자산을 제외하고 자기 개인 재산은 얼마 정도 벌면 만족하고 사회에 환원하겠느냐고 물었다. 그러자 가장 적은 액수가 50억 원이었고, 1조 원이라고 대답한 사람도 있었다. 10~15년 전에는 개인 재산이 7~8억만 있어도 평생 먹고살 수 있었다. 하지만 지금은 화폐가치가 점점 하락하는 것을 감안했을 때 20~30억 원 정도는 있어야 일을 하지 않고도 평생 먹고 살 수 있다.

'견리사의見利思義'라는 말이 있다. 공자가 제자 자로에게 한 말에서 유래한 고사성어로 '눈앞의 사사로운 이익을 보거든 먼저 옳은 일인지 아닌지를 생각하라'는 뜻이다. 더 나아가서 이 말에는 자신이 얻은 이익을 의롭게 써야 한다는 깊은 뜻이 담겨 있다.

==기업의 사회적 책임Corporate Social Responsibility, CSR은 이제 선택이 아닌 의무가 되었다. 기업이 경제적 책임이나 법적 책임 외에 폭넓은 사회적 책임을 적극적으로 수행해야 한다는 말이다. 좀더 자세히 말하면 기업의 경영 방침이 윤리적으로 적정한지, 제품을 생산하는 과정에서 환경 파괴, 인권 유린 등과 같은 비윤리적 행위가 있는지, 국가와 지역사회에 어느 정도 공헌했는지, 제품 결함을 인정하고 보상을 하는지 등이 모두 사회적 책임에 포함된다. 기업가라면 누구나 기업의 사회적 책임을 염두에 두고 경영해야 한다.==

사업의 목표는 뭐니 뭐니 해도 이윤을 내는 것이다. 적자를 내는 기업은 사회의 필요악이나 마찬가지이다. 이윤을 추구해서 그 이윤을 사회에 환원하는 것이 바로 기업가의 사회적 책임이자 의무이다.

2013년 '청년 창업가 멘토-멘티 결연식'

 나는 사업을 해오면서 늘 '하면 된다, 되니까 한다'는 말을 머릿속으로 되뇌었다. 이 말 속에는 절대 포기하지 말라는 의미도 들어 있지만, 내가 책임지겠다는 의미이기도 하다. 이것은 내가 직접 경험하고 깨달은 것이다. 한번 약속하고 지원하기 시작했다면 성공할 때까지 끝까지 지원하고 지도해 주어야 한다. 특히 사람과 한번 맺은 인연은 끝까지 지켜나가야 한다. 스타트업(청년 창업가)이 시제품을 개발하여 양산 상품으로 시장에 내놓을 때까지 족히 3~7년은 걸리는데, 이 기간을 데스밸리(죽음의 계곡)라고 한다. 그만큼 그 기간을 버티기가 쉽지 않기 때문이다.
 카네기의 경영 철학 중에 하나가 '어려우면 어렵다고 이야기해라. 도움을 요청하라'는 것이었다. 하지만 사람들은 도움이 절실한 상황에서도 도와달라는 말을 꺼내지 못한다. 사업이 잘되지 않는데도 창피함과 자존심 때문에 회사 인원과 부채 등을 솔직하게 털어놓지 못한다. 현재 상황을 있는 그대로 말하고 도움을 받는 것이 자존심을 내세우는 것보다 훨씬 이로운데도 말이다. 결국 막다른 길에 가서야 도움을 요청하는데, 그때는 이미 골든타임을 놓친 후인 경우가 많다.

내가 자주 이야기하는 것이 하나 있다. 두루미가 개구리를 잡아먹으려고 입으로 개구리의 몸통을 물었다. 그러나 개구리는 살아나려고 두루미의 목을 꽉 틀어잡았다. 이 상황에서 둘 중 누가 이길까? 이런 질문을 하면 사람들의 대답은 두루미와 개구리로 제각각 갈리게 마련이다. 나의 대답은, '포기하지 않는 쪽이 이긴다'는 것이다. 하면 된다, 되니까 하라, 절대 포기하지 말라. 어려우면 도움을 요청하고 될 때까지 하면 반드시 이루어진다.

사람들에게 도움을 요청하면 '이건 이래서 안 됩니다. 저건 저래서 안 됩니다'라고 안 되는 이유만 늘어놓는다. 그럴 때면 나는 이렇게 말한다.

"안 되니까 도와주세요."

도움을 청하는 이유는 간단하다. 안 되니까 도와달라고 하는 것이지, 잘되면 도와달라고 하겠는가. 안 되는 이유를 듣고자 도움을 청하는 것이 아니다.

나는 많은 청년 창업가들을 지원하고 있지만, 감사를 통해 돈을 제대로 썼는지, 계약은 제대로 했는지 빠뜨리지 않고 체크한다. 처음에는 감시를 받는 것 같아서 불쾌할 수도 있지만 나중에는 자신들을 관리해 주고 있음을 깨닫는다. 잘못될 수도 있는 일을 바로잡아 주기 때문이다. 또 나는 많은 후배들에게 멘토링을 해주는데, 청년 창업가들은 성공하고자 하는 의지가 강하기는 하지만 조급한 마음에 요령과 편법으로 일관하는 경우가 많다. 그러다 보면 오랫동안 경영을 지속하기 힘들다. 이러한 점에서 청년 창업가일수록 올바른 경영 철학이 필요하다. '견리사의' 철칙을 지킨다면 사회적 책임을 다하는 기업을 일굴 수 있다.

국내 최초 항공기 엔진 부품 국산화 성공

2001년 ㈜부경은 중소기업 최초로 항공기 엔진 부품 국산화에 성공했다. 항공기 엔진 부품은 고강도의 내인성 재질인 니켈 합금과 티타늄 합금을 원료로 하기 때문에 가공하기가 매우 어렵다. 그래서 항공기 엔진 부품을 생산하려면 최첨단 가공 설비와 측정 설비, 고급 기술 인력을 반드시 확보해야 한다.

현재 부경은 보잉, 롤스로이스, 에어버스 등 세계적인 민간 항공기 엔진에 장착되는 부품 330여 가지를 생산하고 있다. 항공기의 심장에 해당하는 엔진이 제 기능을 하는 데 없어서는 안 될 중요 부품으로, 부품 사이로 공기가 새어 나가지 않도록 밀폐시키는 실seal과 터빈의 움직임을 고정해 주는 터빈 스테이터turbine stator, 케이스 등은 만일의 사고를 대비해 까다로운 품질 규정ASP100을 통과해야 하고, 일반 기계 가공과 차원이 다른 고도의 기술이 필요한 작업이다.

2005년 한국방송KBS 프로그램 〈시사기획 쌈〉에서 기술 혁신에 대해 다루면서 중소기업이 항공기 엔진을 국산화하여 안정적으로 공급하고 있다고 하며 ㈜부경을 소개했다. 당시에 안철수 교수(2017년 대선 후보)가 내레이션을 했다.

　어느 날 아침에 출근해 보니 KBS 촬영 버스 두 대가 마당에 세워져 있고 방송용 안테나까지 설치되어 있었다. 아무런 준비도 하지 않았지만 우리 회사와 제품을 소개할 자신이 있었다. 이제 안정적으로 양산 체제에 들어갔고, 앞으로 사업을 확장할 계획이라고 밝혔다.

　그때 방송의 위력을 새삼 실감했다. 방송 후 전국에서 연락이 왔던 것이다. 중소기업이 항공기 엔진을 개발한다는 것은 국가적으로도 자랑스러운 일이다. 방송을 통해 사회적으로도 인정을 받게 되자 비즈니스에도 많은 도움이 되었다.

　나는 더욱 심기일전해서 부품 개발에 나섰다. 2005~2006년 안정기에 들어가면서 GE의 신형 항공기 엔진 GENX 부품 개발을 완료했고, 앞으로 25년간 공급 물량을 확보하는 쾌거를 이루었다.

　항공기 엔진 부분은 최첨단 가공 설비와 측정 설비, 그리고 고급 기술 인력 확보가 필수적이었다. 품질 개선을 위해 사내 기업부설연구소를 운영하며 연구 개발에 끊임없이 투자했다. 지그틀을 이용한 검수 장치 및 기구로 특허도 두 건 보유하고 있다. 또한 항공기 엔진 부품 소재인 특수 합금강에 대한 정밀 절삭 가공 기술을 세계적으로 인정받아 기존 거래처와 더불어 일본, 미국, 유럽 등으로 진출할 예정이다.

　가끔 직원들과 함께 부경의 미래를 이야기한다. 그때마다 나는 이 회사를 열심히 운영해서 이만큼 발전시켰으니, 나머지는 직원들 몫이라고 말한다. 주인의식만으로는 부족하다. 불량이 나오지 않게 하려면 정성 이상의 혼이 필요하다. '호미로 막을 일을 가래로 막는다'는 속담이 있다. 사소한 일을 방치했다가 훗날 큰 낭패를 당한다는 뜻이다. 현장에서는 작은 실수와 원인을 간과하면 나중에 회사가 큰 어려움에 처하게 된다. 작은 것도 놓치지 않아야 한다는 점에서 혼을 불어넣는 자세가 중요하다는 것이다.

국민의 4대 의무와 기업가의 의무

잘되고 싶고 성공하고 싶지 않은 사람이 어디 있겠는가. 그러기 위해서 열심히 하고자 하는 마음은 누구나 가지고 있다. 마음가짐도 중요하지만 결국 성공을 가르는 것은 실행의 차이다. 실행하기가 쉽지 않은 것이다.

나는 성공을 기술과 운이 아니라 충성, 효도, 효행, 나눔 네 가지에서 찾았다. 살아가면서 나라에 충성하고 부모에게 효도하고 스승의 은혜에 감사하는 세 가지를 반드시 지켜야 한다는 것이 내 지론이다. 나는 사업을 시작한 뒤부터 그렇게 살아왔고, 앞으로도 그 세 가지를 지키면서 살아갈 것이다. 이것은 세상의 이치이기도 하다. 나라가 없으면 무엇을 할 수 있겠는가? 부모님 없이 태어난 자식이 있는가? 스승 없이 지혜를 터득할 수 있는가? 이 세 가지 은혜를 받지 않은 사람이 없고, 받은 은혜를 세상과 사회에 나누는 것이 사람의 도리다.

요즘 사람들은 의무를 다하지 않으면서 권리만 주장하려고 한다. 자

2012년 모교 영주제일고등학교에서 열린 '효 실천 한마음 대회' 특강

신의 의무가 무엇인지조차 모르는 사람들이 더욱 권리를 주장하는 모습을 보면 씁쓸한 마음뿐이다. 사회적 갈등이 그 어느 때보다 심화된 원인이 의무는 외면하면서 권리만 누리려 하기 때문인지도 모른다. 여기서 말하는 의무란 헌법에 명시되어 있는 국민의 4대 의무를 뜻한다. 즉 국방의 의무, 교육의 의무, 근로의 의무, 납세의 의무가 그것이다.

국민의 4대 의무가 무엇이냐고 질문했을 때 곧바로 대답하는 사람이 거의 없다. 평등, 자유, 행복 추구라고 대답하는 사람들도 많은데, 그것은 의무가 아니라 권리이다.

특히 기업가들은 국민의 4대 의무에 더해서 사회적 책임이라는 의무를 반드시 지켜야 한다. 기업가는 경영의 실패로 나라에 누를 끼쳐서는 안 되며, 기업을 반드시 성공시켜 사회에 공헌해야 할 책임이 있다. 왜냐하면 기업의 성공은 기업가 한 사람이 이루는 것이 아니며, 기업의 실패는 기업가 한 사람의 손해로 끝나는 것이 아니기 때문이다. 그런 점에서 기업가는 애국자가 되어야 한다.

받은 만큼
나눠야 하는 의무

국민의 4대 의무에 더해서 기업이 지켜야 할 사회적 의무는 바로 나눔이다. 기업의 이윤을 나눔으로써 소외계층이 용기와 희망을 가지고, 더 나아가서 사회가 안정되기 때문이다.

인생에서 중요한 것이 바로 지표이다. 지표가 없으면 어디로 가야 할지 모르기 때문이다. 학생들은 스승의 말씀을 지표로 삼는 경우가 많다. 하지만 요즘 우리나라에는 삶의 지표(가치관)를 제시하는 스승이 부족하다. 그래서 내가 이런 사회적 문제에 나서는지도 모르겠다.

특성화고등학교 1학년, 2학년 학생들을 만나는데 한 반에서 3분의 1 이상이 이혼 가정의 아이들이다. 이런 아이들은 바다에서 방향을 잃고 떠 있는 배와 같다. 망망대해에서 어디로 가야 할지 모르는 것이다. 이런 아이들의 마음은 얼마나 불안하겠는가. 그 아이들의 인생을 책임질 수는 없지만 관심을 가지고 용기와 가치관을 심어줘야 한다.

영주중학교 60주년 기념 사업비

그런 의미에서 우리 회사는 특성화고 졸업생, 한 부모 가정과 결손가정 등 지역 내 취약 계층을 우선적으로 채용한다. 자기소개서도 자필로 적어야 한다. 글씨에서 인성이 묻어난다고 믿기 때문이다. 면접을 보고 나서 걱정거리가 있어 보이는 아이들의 집에는 직접 찾아가 보기도 한다.

나는 마산·창원에 있는 몇몇 학교에 일정 금액을 기부한다. 교장선생님에게는 내 신분을 밝히지 말고 형편이 좋지 않은 학생들에게 전달해 주면서 아이들이 제대로 나아갈 수 있도록 방향을 잡아달라고 문자를 보낸다. 고등학교 1학년과 2학년이면 한창 예민할 때이므로 자칫 아이들의 자존심에 상처를 낼 수도 있다. 가정 형편이 좋지 않은 아이들의 80퍼센트가 할머니와 함께 사는데, 그런 할머니들 중에 거리 한편에서 채소 한 줌, 콩 한 종지를 놓고 파는 경우가 많다. 그러면 나는 사람을 보내서 할머니가 파시는 것들을 모두 사오라고 한다.

4년 전에 아버지가 교통사고로 몸을 쓰지 못하게 된 형제를 알게 되었다. 충격과 실의에 빠져서 학교에 가지 않는 아이들을 타일러서 형은 삼천포마이스터고등학교에 보내고, 동생은 진주항공고등학교에 보냈다. 그런데 동생 녀석이 자퇴를 했다.

가끔 만나서 함께 밥을 먹으며 이야기를 나누곤 했는데, 나한테 한마디 상의 없이 학교를 그만둔 것이었다.

나는 그 아이에게 문자를 보냈다.

"나를 실망시킬 셈이냐?"

"아니에요. 올해 꼭 검정고시에 합격하겠습니다."

고등학교 1학년이 대입 검정고시에 합격하겠다는 것이었다.

"그래, 너를 믿는다. 그럼 합격하고 나서 같이 밥 먹자."

"알겠습니다. 열심히 하겠습니다."

이 아이는 나하고 약속한 것처럼 검정고시를 치르지는 않았다. 하지만 창원에 있는 특성화고등학교(창원기계공고)에 다시 입학해서 모범생으로 거듭나고 있다.

과거에는 비록 가난해도 부모님의 사랑과 가족의 힘으로 고난을 극복할 수 있었지만, 지금 아이들은 힘든 상황을 극복하고자 하는 의지가 많이 부족한 것 같다. 지금의 부모들 마음가짐과 자세도 예전 같지 않다. 쉽게 가정을 깨뜨리고 새로운 가정을 꾸린다. 자식에 대한 애착도 강하지 않아서 부모에게 버림받고 조부모 밑에서 자라는 아이들이 많다. 학교 선생님들도 성적 위주의 교육을 하는 현실에서 아이들의 인성이나 형편을 다 돌아보지 못한다. 그러다 보니 결손가정이나 소외계층 아이들은 청소년 시기에 대부분 방황을 한다. 이런 아이들에게는 삶의 지표를 제시해 주는 사람이 그 누구보다 절실하다. 가치관이 올바르고 목표만 명확하면 가끔 비뚤게 가더라도 언제든지 제자리로 돌아올 수 있기 때문이다. 학생들에게 생활비나 장학금을 지원하는 것도 좋지만 더 중요한 것은 그들에게 올바른 방향을 잡아주는 것이다.

둘 중 형은 삼천포마이스터고등학교 사상 처음으로 2017년 9월에 삼성전자 설비보전과에 공채 합격한 2명 중 한 명이다.

가끔 생각해 보면 자그마한 관심에도 대견스럽게 성장한 서 군에게 오히려 고마운 마음이 든다. 둘째 현이도 2018년도에는 틀림없이 큰 기쁨을 줄 것이라고 확신한다. 근본이 착실한 아이들이 하마터면 현실의 무게에 눌릴 뻔했기에 나의 작은 손길이라도 내밀 수 있게 되어 보람을 느낀다.

기업가정신이란

　기업의 사회적 책임에 대한 인식이 높아지면서 그 어느 때보다 기업가정신이 요구되고 있다. 그와 더불어 기업가정신이 다양한 의미로 정의되고 있다. 기업가정신은 시대와 환경에 따라 달라지기 때문이다. 한 교수는 현대그룹 정주영 회장, 삼성그룹 이건희 회장, 효성그룹 조홍제 회장이 국가 경제 발전에 기여함으로써 대한민국 재건의 표상이자 기업가정신의 표본을 보여주었다고 평가했다.

　하지만 지금은 한마디로 말하면 기업 환경이 바뀌었다. 글로벌 경제 하에서 국가 경제 발전에 대한 개념이 흐릿해지고, 노동 환경과 직원 복지에 대한 개념이 강화되었기 때문이다. 따라서 오늘날의 기업가정신은 이윤 추구에 더해 사회적 책임을 다하기 위해 마땅히 지녀야 할 자세로 정의된다.

　기업의 비즈니스에서는 기브 앤 테이크(Give & Take)를 실천해야 하지

2015년 11월 창원에서 열린 제4회 '김영세 기업가정신 콘서트'에서 강연하는 필자

만, 사회적 의무에서는 기브 앤 기브(Give & Give)의 나눔을 실천해야 할 것이다. 지난 시절 국가 경제 부흥이라는 성과의 이면에는 어마어마한 노동자들의 희생이 따랐음을 알아야 한다. 우리 세대는 잔업수당이나 심야수당을 받지 못하는 것은 물론 참담하고 암울한 환경에서 근무해야 했다. 독일에 파견된 광부와 간호사들의 희생도 있지만, 열악한 환경에서 노동의 대가조차 제대로 받지 못한 채 혹사당해야 했던 노동자들의 희생이 있었기에 우리나라 경제가 세계인들이 깜짝 놀랄 만한 속도로 발전할 수 있었다.

2014년 중소기업융합 경남연합회 회장 취임식

나는 기업가정신을 궁극적으로는 애국정신이라고 생각한다. 기업가들이 사회적 책임을 다하면 그만큼 사회가 안정되고 국가가 발전하면 개인이 행복해지기 때문이다. 경제적 이윤을 창출해서 사회에 필요한 곳으로 돌려주는 것이다.

부산에 의료 장비를 만드는 한 청년 창업가가 있었다. 그는 손에서 잘 빠지지 않고 복합적인 기능을 가진 의료용 장갑을 개발했다. 상품 소개와 회사 IR_{Investor Relations}을 하는 과정에서 컨설팅 위원이 절세와 감세에 대해 설명하자 그 청년 창업가가 단호하게 말했다.

"다른 것은 수용하겠습니다만, 세금을 절감하는 방법은 듣고 싶지 않습니다."

　세금은 국민이나 기업으로서 당연히 내야 할 의무가 있다. 사업을 시작하기 전에 절세와 감세 방법부터 찾아보는 사람들이 있다. 그런 점에서 이 친구는 제대로 된 기업가정신을 가질 만한 자질이 충분하다. 기업가가 새로운 상품을 개발하는 데 주력하기보다 세금 적게 내고 이익을 더 많이 얻는 데만 골몰하기 때문에 우리 사회의 양극화가 심화되고 있는 것인지도 모른다.

　조선시대 동양 최고의 거상 임상옥의 삶을 통해 장사꾼이 지켜야 할 도리와 가치를 다룬 《상도(商道)》(최인호)에서 말하는 상도가 바로 기업가정신이다. 임상옥은 상도를 나눔이라고 말했다. 그는 마지막에 재산을 모두 나눠 주고 자신은 조그만 집 한 채를 지어서 살았다. 유한양행 유일한 회장도 그러한 기업가정신을 실천한 분이다. 그러한 정신과 가치관을 가진 기업가들이 많아야 우리나라의 미래가 밝아질 것이다.

　자기의 이익에만 만족하기보다 사회적 공감대를 형성하고 나눌수록 더 큰 것을 얻을 수 있다는 이치를 깨닫고 실천하는 것이야말로 기업가가 지녀야 할 진정한 가치관이다.

think about

후배 기업가가 생각하는 김찬모 대표
(주)플라즈마코리아 대표이사 김선호

"제가 대표님께 배우고 싶은 것은 추진력입니다.
중소기업 대표들이 사회 환원 추진력이 부족하거든요.
그런 면에서 대표님의 강한 추진력을 배우고 싶어요."

(주)플라즈마코리아 김선호 대표, 한국경제TV 송재조 대표와 함께

― 중소기업 대표님이 벤처회사들을 적극적으로 지원해 주는 시스템이 최근까지는 없었습니다. 그런데 김찬모 대표님께서 많은 업체를 지원해 주셨는데, 그중 대표 주자라고 들었습니다. 김선호 대표님은 김찬모 대표님하고는 어떻게 만나셨나요?

중소기업진흥공단에서 청년 창업가들하고 선배 기업인들이 만나서 멘토-멘티 관계를 맺어줬습니다. 후배 기업인들을 지도하고 조언해 주는 기회를 마련해 주었거든요. 그때 대표님이 멘토로 오셨어요. 그 전에 대표님 강의를 듣기도 했고요.

― 중소기업진흥공단에서 만난 것이 언제인가요?

2013년이에요. 이제 6년차에 들어서네요.

― 멘토-멘티 모임이 결성되었을 때 김찬모 대표님을 직접 멘토로 선택하신 건가요?

처음부터 멘토단으로 인연을 맺은 것은 아니에요. 대표님 강의를 들을 때 '하면 된다, 되니까 하라'는 말씀이 마음에 와 닿아서 제가 먼저 찾아뵈었습니다. 솔직히 사업을 잘 몰라서 조언을 듣고 싶었어요. 그런데 제가 한두 번 찾아뵙고 나서는 대표님이 저를 더 많이 찾아주셨어요. 그 당시에는 멘토-멘티 관계였는데 지금은 그냥 스승님이시죠.

― 두 분이 약속하신 것이 있다고 들었습니다. 어떤 것인가요?

대표님이 사회에 기부를 많이 하셨잖아요. 그래서 저도 대표님께 약속드렸어요. 제가 성공하면 대표님이나 조직에서 받은 혜택을 반드시 저 같은 후배 기업인들에게 돌려주겠다고요. 대표님은 지금도 우리한테 많은 것을 베풀어주시거든요.

- 지금도 개발부터 상품화까지 충분히 빠르게 성장하신 것 같은데요.
사실 굉장히 헤맸어요. 큰 것만 보았거든요. 그러니 회사도 힘들어지고, 운영하기도 너무 버거웠어요. 그때 대표님이 너무 큰 것만 하면 사업화하기가 힘들다고 조언해 주셨어요. 그러면서 사업화가 가능한 부분을 짚어주셨어요. 그걸 토대로 하나하나 만들어가다 보니 지금 속도를 조금 내고 있는 거예요.

- 김 대표님을 인터뷰하면서 다양한 철학을 가지고 계시다는 것을 알게 되었는데 혹시 대표님도 자신만의 기업가정신이 있나요?
저는 아직 없습니다. 하지만 제가 본받고 싶은 분이 대표님이에요. 항상 롤모델로 삼고 있어요. 10년 후에는 제가 대표님보다 더 빨리, 더 많이 사회에 기부하는 사람이 되고 싶습니다.

- 김 대표님이 어떤 스승인지 솔직하게 말씀해 주세요.
제가 대표님에게 배우고 싶은 것은 실천력입니다. 중소기업 사장들이 대부분 사업은 추진력 있게 밀고 나가지만 사회 환원하는 부분은 그에 못 미치거든요. 저는 그런 실천력을 배우고 싶어요. 대표님은 남이 하지 않는 어려운 부분에서 선두에 서시는 분이세요. 엔젤투자도 대표님이 계속 지원해 주셨기 때문에 지금까지 진행되고 있는 겁니다. 대표님이 없었다면 시작조차 못 했을 겁니다.

- 강의를 들으면서 기억에 남는 것이 또 있나요?
대표님 말씀 중에 '하면 된다, 되니까 하라'는 말 외에 하나 더 있습니다. 대표님이 강의 마지막에 그림 하나를 띄웠습니다. 두루미가 개구리의 몸통을 입에 물고, 개구리는 두루미의 목을 잡고 있는 그림이었어요. 대표님은 둘 중 누가 이기겠냐고 하시면서, 포기하지 않는 쪽이 이긴다고 말씀하셨어요. 우리도 너무 힘들어서 몇 번이나 포기한 적이 있어요. 대표님도 그런 힘든 시기를 겪으셨고, 그런 모습을 보면서 진짜 포기하지 않으면 언젠가는 성공할 수 있다는 자신감을 얻었습니다. 대표님이 우리한테 이런 말씀을 하셨어요. "겁나나? 내가 있는데 왜 겁을 내나?" 그 말씀이 정말 힘이 되었습니다. 지금까지 그런 말씀을 해주시는 분이 없었어요.

- 앞으로 어떤 기업을 만들고 싶으세요?

저희가 2030년까지 매출 1천억 원을 목표로 하고 있거든요. 그 목표를 이루면 50억 외에는 환원할 계획입니다. 대표님이 하시는 것을 워낙 본받고 싶고 또 닮고 싶어서요. 제가 회사를 만들면서 생각했던 것이 잘할 수 있는 일을 하자, 즐겁게 잘할 수 있는 일을 하자는 거였어요. 그런데 지금 분위기가 좀 가라앉아 있습니다. 분위기가 좀더 밝아졌으면 좋겠어요. 하다 보니 제조 쪽보다는 기술 개발 쪽이 더 재미있더라고요. 사회에 쓸모 있는 기술을 개발하는 회사가 되었으면 합니다.

행복

사랑한다는 것은
사랑을 받느니보다 행복하나니라.
오늘도 나는, 에메랄드 빛 하늘이 환히 내다뵈는
우체국 창문 앞에 와서 너에게 편지를 쓴다.

행길로 향한 문으로 숱한 사람들이
제각기 한 가지씩 족한 얼굴로 와선
총총히 우표를 사고 전보지를 받고
먼 고향으로 그리운 사람께로
슬프고 즐겁고 다정한 사연들을 보내나니.

세상의 고달픈 바람결에 시달리고 나부끼어
더욱더 의지 삼고 피어 헝클어진 인정의 꽃밭에서
너와 나의 애틋한 연분도
한 방울 연연한 진홍빛 양귀비꽃인지도 모른다.

사랑하는 것은
사랑을 받느니보다 행복하나니라.
오늘도 나는 너에게 편지를 쓰나니
그리운 이여, 그러면 안녕!

설령 이것이 이 세상 마지막 인사가 될지라도
사랑하였으므로 나는 진정 행복하였네라.

— 유치환

CHAPTER

5

경계가 없는
Give & Give

기부문화를
만들려면

사람들은 끊임없이 삶의 지혜를 찾지만 사실 인생에 정답이란 없다. 삶이란 지혜를 찾아가는 과정일 뿐이다. 인터넷의 발달로 수많은 정보와 지식을 접하며 살아가지만 거기에서 삶의 지혜를 찾을 수는 없다. 그보다는 아이들이 초등학교에 가기 전에 고전인 《중용中庸》과 《논어論語》를 가르치면 얼마나 좋을까 생각한다.

요즘 부모들은 아이들과 깊은 대화를 나누지 않는다. 대부분 부모가 강요하거나 '네가 알아서 해'라는 식으로 무심하게 대화를 끝낸다. 좋은 부모 밑에서 훌륭한 아이로 자라듯이 아이들에게 맡기기 이전에 부모가 더 노력해야 한다. 인터넷이 발달하고 시시각각 세상이 바뀐다고 해도 인간의 본능은 바뀌지 않는다.

행복의 기준은 저마다 다를 수 있다. 돈이 많아야 행복한 사람이 있는가 하면 몸이 건강한 것만으로 충분히 행복한 사람들도 있다. 각자 나름

2008년 여름, 거동이 불편한 어머니를 모시고 피서 중에

의 기준으로 행복을 찾으면 된다. 그러나 삶의 지혜는 서로 나눌수록 풍요로워지고 각박한 세상을 조금 더 여유롭게 살아갈 수 있을 것이다.

사업으로 돈을 많이 버는 것 못지않게 중요한 것이 올바른 가치관과 지혜를 공유하는 것이다. 세상에는 너무나 많은 도구와 방법이 있기에 어느 하나를 정답이라고 정의할 수는 없다. 그러나 토론하고 지혜를 나누다 보면 서로가 더 좋은 방법을 찾을 수 있다. 사람은 혼자서는 발전하는 데 한계가 있게 마련이다. 서로의 머리를 맞대고 지혜를 나눌수록 개인은 물론 사회도 발전할 것이다.

인생은 끝없는 수행의 과정이라고 할 수 있다. 유혹을 당할 때도 있고, 크나큰 실수를 할 때도 있다. 그럴 때마다 격려와 조언으로 바른 길로 이끌어주는 정신적 멘토, 기술적 멘토가 필요하다. 친구가 될 수도 있고 후배가 될 수도 있고 아내가 될 수도 있다. 그리고 내가 도움을 받은 만큼 나누는 것이 바로 삶의 지혜이다.

그런 점에서 나는 나눔을 의무로 삼아야 하는 사람이다. 나를 낳아 진자리 마른자리 갈아 키우신 부모님, 고학생인 나를 도와준 친구들, 내 책과 빵을 팔아준 친구들, 나에게 점심 도시락을 양보한 친구들, 장학금을 받을 수 있게 해주고 나의 학비를 대신 내주신 은사님, 나에게 사업할 기회를 주신 ㈜부경의 창립자 고 서동현 상무님……. 내가 도움을 받은 사람들은 이루 헤아릴 수 없이 많다.

그런 나야말로 나눔, 즉 기부의 최고 수혜자이다.

특히 고 서동현 상무님은 나에게 특별한 분이시다. 대학에 꼭 가고 싶어서 방송통신대에 다니며 방송 강의를 들었는데, 회사에서 계절학기 수업을 허락해 주지 않았다. 그리고 마산에 있는 경남전문대학 야간에 입학했는데 당시 서동현 공장장님께서 직장과 학교 중 하나를 택하라고 말씀하셨다. 나는 학업을 포기할 수밖에 없었다. 그러나 훗날 서동현 상무님께서 나에게 "자네가 학업을 계속하지 못하도록 한 점 진심으로 미안하네"라고 하셨다. 상무님은 내가 계속 대학을 다녔다면 분명 더 큰 사람이 되었을 거라며 후회하셨다.

나는 천부당만부당한 말씀이라고 했지만, 그분은 내 손을 꼭 잡으면서 최고 학부를 나온 사람으로서 자기 입장만 생각하고 그렇게 말한 것이 못내 부끄럽다고 솔직하게 털어놓으셨다. 그 말씀을 듣는 순간 나는 너무 가슴이 벅차서 눈물을 흘리고 말았다.

2011년 3월 창원대학교 산업비즈니스학과(야간)에 입학해 2015년 2월에 졸업함으로써 나는 학업의 한을 풀었다. 신설 학과였는데 과대표로 활동하고 졸업 후에는 초대 동창회장이 되기도 했다. 대학의 한은 40여 년 만에 풀었지만 청년 시절의 혈기와 열정을 학업에 쏟아붓지 못한 것이 아쉽다. 그래서 우리 회사 직원들이 원한다면 야간대학에 보내주고 있다. 이것도 내가 할 수 있는 나눔 중의 하나이다.

나눔도 습관이 될 수 있고, 습관이 되어야 한다. 특별한 날 특별히 하는 행동이 되어서는 안 된다는 뜻이다. 많은 사람들이 나눔을 실천하고, 나눔이 일상이 되었을 때 살기 좋은 나라가 만들어질 것이다.

사실 우리는 매일 무언가를 나누며 살아간다. 인간은 혼자 살아갈 수 없기 때문이다. 뭔가를 공유하고 서로 도움을 주고받으며 살아가는 것이 인간의 삶이다. 사랑을 나누며 살아가는 것이 인간의 본능 아니던가. 학교 교재가 바뀌고 입시제도도 바뀌지만 청소년 시기에 올바른 가치관이 확립될 수 있도록 인성 교육만큼은 일관되게 이루어져야 한다.

기업가정신을 확고하게 갖추어야 하는 이유도 바로 나눔을 실천하는 사회적 책임을 다하기 위해서이다. 그런 점에서 기업가는 애국자이자 공로자이다. 기업을 통해 얻은 이윤을 사회에 환원하기 때문이다.

청년 창업가들이 창업 3~4년 내에 실패하는 비율이 80퍼센트에 이른다고 한다. 제대로 준비하지 않고 자신들의 재주와 기능만을 믿고 사업에 뛰어들기 때문이다. 말하자면 기업인으로서 가치관이나 경영철학, 기업가정신이 확립되지 않았기 때문이다. 그런 것들이 확고한 사람은 쉽게 포기하거나 실패하지 않는다. 청년 실업가들은 이 점을 염두에 두고 심층적인 준비와 경영 철학을 가지고 사업에 뛰어들어야 한다. 그래야 성공했을 때 사회적 책임을 다하는 기업인으로 존경받을 수 있다.

기부는
돌고 도는 것

나는 늘 기부가 선택이 아닌 의무라고 말한다. 하지만 사람들은 그 말을 이해하지 못한다. 대한민국 국민으로서 의무를 다하는 것이라고 말하면 사람들은 기부하는 것이 어떻게 의무냐고 되묻는다. 나눔은 곧 사랑이다. 사랑은 인간이 태어날 때부터 지닌 본능이다. 인간은 사랑을 나누며 살아가는 존재이다. 인간에게 사랑은 선택이 될 수 없듯이 기부 또한 마찬가지이다. 기부는 인간의 본능인 사랑을 나누는 것이며, 물이 위에서 아래로 떨어지듯이 자연의 순리라고 생각한다. 그러한 이치를 모르는 사람들이 기부를 선택이라고 생각한다.

몇 년 전 한 친구가 나에게 물었다.

"자네 또 천만 원 기부했다고 들었는데 아깝다는 생각 들지 않나?"

그러면 나는 반 농담조로 이렇게 대답한다.

"현금으로 주면 그럴지도 모르지. 하지만 모바일이나 컴퓨터로 기부

2016년 영주시 인재육성장학기금 전달

하면 얼마나 재미있는데."

　기부는 돌고 도는 것임을 나는 직접 경험으로 깨닫게 되었다. 나는 기억이 잘 나지 않는데, 15년 전쯤 사정이 어려운 사람에게 내가 300만 원을 그냥 빌려줬다고 한다. 그런데 나에게 돈을 빌린 그 사람은 형편이 좋아지자 빌렸던 돈의 10배인 3천만 원을 나에게 보내왔다. 그리고 나는 그 돈을 기꺼이 의미 있는 곳에 기부했다.

　나는 1999년부터 작은 금액이나마 기부하기 시작했다. 2000년부터 모교 고등학교에 100만 원을 기부하기 시작해 지금까지 기부한 금액이 1억 원이 넘는다. 지난 20여 년간 재능, 봉사, 기부금을 모두 합치면 제

2015년 부경장학회 설립 기념 기증비 앞에서 친구와 함께

법 될 것이다. 그러다 2014년 그야말로 횡재를 한 적도 있다. 후배를 도와준답시고 마지못해 부동산에 투자해 주었는데 육십 평생 저금한 금액보다 더 많은 이익을 남겼다.

   20년 가까이 기부를 해오면서 알게 된 한 가지 사실은 바로 베푼 만큼, 아니 그 이상으로 나에게 돌아온다는 것이다. 나눔을 습관화해야 하는 이유가 바로 여기에 있다. 많은 사람들이 나눔을 실천하고 습관화할 수 있도록 나눔의 사례를 더 많이 알려서 이 사회에 기부문화가 깊이 뿌리내리기를 바란다.

직원을 위한 나눔

내일채움공제사업은 중소기업 핵심 인력의 장기 재직을 유도하고 인력을 양성하기 위해 벤처중소기업부와 중소기업진흥공단이 도입한 '핵심인력 성과보상기금'이다. 중소기업 사업주와 핵심 인력이 5년간 매월 일정 금액을 공동으로 적립하고, 핵심 인력이 만기까지 재직할 경우 공동적립금을 성과보상금(인센티브)으로 지급받는 제도다.

근로자가 12만 원을 적립하면 사업주는 24만 원을 적립해야 하므로 회사로서는 적지 않은 부담이다. 하지만 직원들의 사기를 진작하고 향후 5년간 회사와 직원이 같은 방향으로 꿈을 키워나가기 위해 직원과 함께 청약하기로 했다.

나는 사업을 시작하면서부터 수익이 나면 직원들과 나누기로 마음먹었다. 회사가 어느 정도 안정화되었을 때 부경의 일부를 '부경 치공구'라는 상호로 독립시켜 나와 20년 이상을 함께 일한 동지 같은 직원들에게 경영을 맡았다. 그들은 정년 없이 가족회사로 열심히 운영하고 있는데, 내가 한 일 중 가장 보람된 일이었다.

나는 돈을 빌려줄 때도 따로 증서를 받지 않는다. 그리고 그 돈으로 성공하면 기부를 하라고 한다. 내가 지도하는 한 청년 창업가에게 물었다.

"자네는 얼마나 벌고 싶나?"

"빚을 갚을 수 있는 정도면 좋겠어요."

"빚을 다 갚고 나서는 얼마나 있으면 좋겠나?"

"한 5억만 있으면 좋겠어요."

"알겠네. 그렇다면 빚 다 갚은 뒤에 50억을 벌고 나면 나머지는 내가 쓰라는 대로 쓸 수 있겠나?"

"네, 그렇게 하겠습니다."

"나에게 달라는 게 아니네. 50억 원을 벌고 나면 나머지는 사회에 기부하게."

아직 50억 원을 벌지는 못했지만 열심히 성장하고 있는 사람이 바로 ㈜플라즈마코리아의 김선호 대표이다. 나는 머지않아 그가 크게 성공하리라고 확신한다(2017년 데스밸리의 고통을 겪고 있지만).

내가 가장 중요하게 여기는 경영 철학은 직원들을 가슴으로 안는 것이다. 늘 직원들 입장에서 생각하고 느끼면서 함께 나아가려고 노력한다. 그래서 ㈜부경은 늘 직원들이 편안하게 작업할 수 있는 환경을 만들어주고자 노력한다.

우리 회사에서 직원들은 모두 안전화를 신고 일한다. 그런데 안전화가 땀이 많이 배는 신발이기에 두 켤레씩 지급하고 일이 끝나면 자동세

2012년 '경영목표 달성 임직원 워크숍'

척을 해준다. 작업복도 회사에서 세탁을 해준다.

직원들이 편하게 다닐 수 있도록 자전거를 지급한 적도 있다. 또한 직원들이 지낼 수 있도록 원룸을 얻어서 관리까지 해준다. 회사 식당에는 통나무 식탁을 놓고 집밥처럼 정성을 다해 음식을 만든다. 사무실뿐 아니라 현장의 화장실에도 비데를 설치하고 청결하게 관리한다.

회사에는 직원들이 자유롭게 소원을 쓰는 공간도 마련되어 있다.

'월급 많이 주세요.'

'원하는 것 없음. 만족함.'

'반찬이 더 다양하면 좋겠어요. 특히 고기 반찬 많이 주세요.'

월급보다는 복리후생에 대한 요구 사항이 더 많다.

우리 회사는 생산 물량과 기계 가동률 때문에 맞교대를 해야 한다. 기계 가동률은 높지만 그만큼 직원들이 힘들다. 지난 20여 년을 12시간 주야 맞교대 근무를 해준 직원들의 노고에 감사한 마음을 표현할 길이 없다. 지난 2015년 창립 30주년에 선물도 주고 내일채움공제 가입 및 적지 않은 현금을 지급했지만 직원들의 기대에는 못 미칠 것이다.

중소기업의 문제점 중 가장 큰 것이 높은 이직률이다. 첫째는 중소기업의 환경이 열악하기 때문이고, 둘째는 특성화고등학교를 졸업하고 경력이 거의 없는 사람들이 첫 직장으로 들어오기 때문이다. 이런 사람들은 기회가 되면 다른 회사로 옮기고 싶은 마음이 강하다.

송년 워크숍 때마다 각자의 각오와 회사에 바라는 점을 적어두는데 내가 수시로 실천 사항을 체크한다. 감시하려는 것이 아니라 공유하려는 것이다. 장기근속 사원에게 1천만 원에 달하는 보너스를 주거나, 젊고 유능한 직원들에게 학업을 권장하고, 우수 기능자가 될 수 있도록 물심양면으로 지원한다. 이렇게 소통하고 신뢰가 쌓이면 생산성이 향상되고 불량률이 개선되는 등 그 성과가 눈에 띄게 좋아져 건강한 기업문화가 정착된다.

정보통신기술ICT의 융합으로 인공지능, 로봇기술, 생명과학이 주도하는 차세대 4차 산업혁명이 다가오고 있다고 한다. 아무리 기업 환경이 혁명적으로 변할지언정 사람이 근본이라는 사실만큼은 변할 수 없다. 따라서 기업하는 경영자들은 늘 직원들과 공유하고 공감해야 한다. 나누지 않으면 오래갈 수 없다. 이만큼이라도 나눴기 때문에 보람을 느낄 수 있는 것이다. 나눔이 단발로 그치는 것이 아니라 핵분열을 일으키듯 확산된다면 더욱 가치 있는 일이라고 생각한다.

지면을 통해 ㈜부경 직원들의 투지와 자긍심에 진정으로 감사한 마음을 전한다. 평균 25세의 젊은 청년들이 우리 회사에서 열정의 땀을 흘리고 있는 것에 대해 자부심과 긍지를 가진다.

사회를 위한
나눔

부자가 되어야만 나눌 수 있을까? 배불리 먹고 자신이 원하는 것을 모두 충족하고 나면 자신이 가진 것을 타인에게 나눌 수 있을까? 아마도 쉽지 않을 것이다. 돈이 많다고 해서 나눌 수 있는 것은 아니다. 적은 것이라도 나누는 것이야말로 진정한 나눔이다.

자신이 어려웠던 시절을 생각하며 나누는 것도 보람 있지만 일상의 기쁨과 행복을 나눈다는 마음으로 나눔을 습관화해야 한다.

사실 기부는 중독성이 있기도 하다. 한번 기부하기 시작하면 계속 기부하게 된다는 것이다. 기부를 하면 사회적 인정과 칭찬을 받기 때문에 기분이 좋아진다. 기분 좋은 일은 누구나 계속하게 되듯이 기부도 마찬가지이다.

칭찬을 싫어할 사람이 세상에 있을까. 열심히 일해서 칭찬을 받으면 그 자체로 행복하다. 나누고 배려하는 습관을 들이면 선순환이 이루어

2011년 겨울 경남 김해 장유에서 '사랑의 밥차' 봉사 단원들과 함께

진다. 나눔을 실천하면 칭찬과 더불어 더 큰 도움으로 나에게 돌아온다. 어렵고 힘들 때 자그마한 기부와 도움은 상대방에게 큰 힘이 되고, 그것이 훗날 수많은 더 큰 힘으로 부메랑이 되어서 돌아오는 것이 인생의 이치다.

누구나 부자가 되고 싶어 한다. 하지만 모든 부자들이 사회적으로 인정받고 존경받는 것은 아니다. 선진국에서는 재산이 많은 부자보다 '가치' 있는 부를 더 중요하게 여긴다. 자기 혼자 풍족하게 사는 것에서 그치지 않고 사회에 얼마나 기여하느냐에 따라 그 사람이 가진 부의 가치가 달라지는 것이다.

국회 헌정관에서 개최된 2016년 대한민국 사회발전대상 수상

　우리나라도 부에 대한 선진국의 가치관을 받아들여서 기부문화를 널리 퍼뜨림으로써 서로 배려하고 공감하는 사회를 만들어 행복지수를 높여나갔으면 한다.

　나눔은 선택이 아니라 의무라고 생각하는 사람들이 아직은 많지 않다. 어릴 때부터 나누는 삶을 의무적으로 가르쳐야 한다고 생각한다. 그러지 않으면 사회는 점점 더 빈부의 격차가 커지고, 가진 자와 가지지 못한 자의 갈등으로 점점 더 불안정해질 수밖에 없다.

　나눔을 의무적으로 가르치는 일이 불가능한 것은 아니다. 나눔을 의무로 실천하는 집단으로 대표적인 것이 교회이다. 교회의 십일조, 생일

헌금, 감사헌금 등과 같이 자기 수입 금액의 일정분을 의무적으로 기부하게 한다면 훨씬 더 살기 좋은 사회가 될 것이다.

근본적인 것을 바꿀 수는 없지만 작은 힘으로 하나하나 공감대를 형성해서 도움이 필요한 사람들에게 나눔을 실천하기를 바란다. 중소기업에 기술 개발 자금을 지원할 때 사회 기부 여부도 평가했으면 한다. 세금으로 기술 개발 지원을 받고서는 사회에 기부하지 않는다면 사회 환원의 의미가 없지 않은가.

영주 모교에서는 아버지 호를 따라 인동장학회라는 이름으로 1999년부터 지금까지 매년 5명에게 졸업할 때까지 장학금을 준다. 효행장학회는 장학금과 효실천 행사를 겸한다. 창원특성화고등학교와 자매결연을 맺고 기능경기대회에 출전하는 학생들의 훈련비를 10년간 기부하기로 약속하기도 했다. 정기적이지는 않지만 형편이 될 때마다 장학금을 주는 곳도 있다. 창원폴리텍대학교에도 소액이나마 지원을 하고 있는데, 여러 학교에서 소문을 듣고 많이 찾아오기도 한다.

특히 돈이 많이 필요한 새 학기가 되면 부정기 요청이 여기저기서 많이 들어온다. 효행장학회와 인동장학회를 합쳐서 부경장학재단을 만들어 4년 전액 대학 장학금을 지원하고 있다. 장학금을 받은 학생들이 훌륭하게 성장해서 '기브 앤 기브'를 실천하는 동조자가 되었으면 하는 바람이다.

청년 창업가를 위한
나눔

2015년 어느 날 한 컨설턴트가 찾아왔다.

"돈 많은 사람이 회장님 공장을 사고 싶어 합니다. 하지만 그 사람이 누구인지는 말할 수 없습니다."

"그 사람이 누구인지 알려주면 답해 주겠소."

알고 보니 그 사람은 어마어마한 매출을 올리는 중견 기업가였다.

"우리 회사의 현재 가치는 230억이지만 사겠다면 500억에 내놓겠다고 하시오."

"가치는 230억인데 왜 500억을 달라는 겁니까?"

"현재 가치는 230억이지만 미래 가치는 500억입니다."

"그럼 다시 알아보겠습니다."

성사되지는 않았지만 그때 잠깐 든 생각이 이 공장을 팔아서 청년 창업가를 키우면 되지 않을까 하는 것이었다.

2013년 ㈜부경을 방문한 동아대학교 학생들과 함께

　청년 실업은 비단 우리나라뿐만 아니라 개발도상국, 선진국 할 것 없이 가장 심각한 사회문제다. 어느 나라든 비슷한 수준인데 우리나라는 정치적으로 인기에 편승한 부양책을 남발하고 있다. 청년 실업자와 청년 창업가들을 지원하는 유사 기관도 너무 많은 실정이다.
　대학마다 창업을 위한 보육센터나 벤처센터를 두고 중소기업청으로부터 자금 지원을 받는다. 테크노파크, 창조경제 혁신센터, 그리고 다른 지원 기관도 여럿 있다 보니 대학 내에 창업센터가 우후죽순 생겨났다. 지원 기관에 종사하는 공무원과 준공무원도 대거 늘어났다. 중복 지원이나 유사 투자로 인해 혜택받는 사람들의 조건도 일정하지 않다. 창업이 성공하면 지원금을 회수하는 것이 아니라 투자 개념이기 때문에 실패하면 고스란히 세금이 낭비된다.

청년 창업가들은 1인 기업체로 시작해 선배 기업가들처럼 히든 챔피언이 될 수 있다고 생각한다. 창문, 본드, 참기름, 식초 등 특허받은 아이템도 다양하다. 아이디어는 참신하지만 사업 가능성이 부족한 것들이 많다. 하지만 각종 지원 기관은 그러한 것을 제대로 판단하지 못하는 경우가 허다하다.

정부나 학교 내의 기관처럼 똑같이 지원하면서도 배가되는 효과를 거둘 수 있는 것이 바로 기부다. 단순히 자금을 지원하는 개념이 아니라 창업가들을 키운다는 개념으로 접근하기 때문이다. 그런 만큼 지원을 받은 청년들도 더 열심히 한다. 재정적인 지원과 재능적 기부가 절실하다.

국내에서 창업은 해마다 늘어나고 있지만 생존율은 경제협력개발기구OECD 회원국 가운데 최하위로 3년 내에 80퍼센트 가까이 문을 닫는다. 부가가치가 낮은 '생계형 창업' 비중이 높은 반면 신기술, 신공법 등 '기술집약적 창업'은 상대적으로 적기 때문이다.

중소기업진흥공단에서 청년 창업가들과 선배 기업인들이 만나는 자리를 마련해 주었다. 선배들이 후배 기업인들을 지도해 주고 잘못된 부분은 조언을 해주기도 한다. 그때 나는 청년 창업가들을 대상으로 특강을 한 적이 있다.

이들은 간절하기 때문에 절실한 마음으로 질문했다. 이들을 지원하는 전문위원 5명을 모시고, '하면 된다'는 것을 내 사례를 들어서 구체적으로 설명해 주었다. 직접 경험한 사람이 얘기하니 더욱 현실감 있게 와

닿은 듯했다. 그래서 한때는 '하면 된다, 되니까 하라'는 말이 유행어가 되기도 했다.

그들의 입장에서 생각해 보니 사업을 하다 보면 또다시 궁금한 것이 생기고 언제든지 물어볼 수 있는 사람이 필요할 듯했다. 그래서 지속적으로 해야겠다는 생각이 들어 청년 창업가 멘토-멘티 결연을 맺었다. 멘토로 임명된 사람들에게 임명장을 주고 단장은 내가 맡았다. 자기 사업이 바쁘거나 필요성을 느끼지 못해 중단한 사람도 있었지만 몇몇 대표들은 열심히 멘토 역할을 했다.

개인이 돈을 모아 벤처기업에 필요한 자금을 지원하고 주식으로 그 대가를 받는 투자 형태를 엔젤투자angel investment라고 한다. 대개 여럿이 돈을 모아 투자하는 투자 클럽 형태로 창업하는 사람들에게 천사 같은 투자라고 해서 엔젤투자라고 부른다.

엔젤투자는 전국적으로 진행되고 있는데 경남 지역에서는 청년 창업가 및 유망 중소기업을 발굴하기 위한 '창조엔젤투자클럽'을 만들었다. 창립총회에서 나는 초대 회장에 선출되었다. 유망한 중소기업에 단순히 융자를 해주는 것에서 벗어나 창업 교육, 전문가 지도 등 다양한 맞춤형 멘토링으로 청년 창업 기업을 미래 성장 동력으로 성장시키는 데 중점을 두기로 했다.

멘토가 되어 컨설팅을 해주는 것에 더해 왜 지속적으로 지원하고 성장시키는지 궁금해하는 사람도 있다. 어떻게 보면 내가 꾀가 많다고 할 수 있다. 자식에게 2천만~3천만 원을 주면 '감사합니다'는 말로 그만이다. 혈연이나 지연으로 얽혀 있지도 않은 청년 창업가에게 그만한 돈을

(주)부경을 견학·방문한 경남대학교 대학생들과 함께

지원해 준다면 어떻겠는가? 10배 혹은 100배의 시너지 효과를 거둘 수 있을 것이다.

그동안 엔젤투자로 10억 이상 투자했는데 청년 창업가들에게 조건 없는 성장 사다리가 필요하다고 판단하고 나눔의 일환으로 실천한 것이다. 그 가운데 가시적인 성과가 나온 곳이 몇 군데 있어 보람을 느끼고 있다.

창조엔젤투자클럽을 운영하면서 기업인들의 사회 환원이 부족하다는 사실을 다시 한번 느꼈다. 사실 엔젤들이 그렇게 넉넉한 사람들이 아니다(넉넉한 사람들은 여기 오지도 않는다). 대기업이 나서면 시너지가 핵분열처럼 확산될 텐데 그렇지 못한 현실이 안타까울 뿐이다.

청년 창업가에게 물심양면으로 지원하면 그들이 성공해서 또다시 사회에 환원하는 선순환의 문화를 정착하기를 바란다. 이것이 파생되어 100명의 멘티를 성공시키고 싶다. 나는 100만 원을 투자해서 100만 원을 버는 것이 아니라 미래 지향적인지를 보기 위해 사업계획서를 요구한다. 그리고 기술력뿐 아니라 정직하고 책임감 있는 사람인지를 판단한다. 요령만 가지고 사업에 뛰어드는 젊은이들이 많기 때문이다. 이들은 성공을 한다 해도 기업가정신에 따른 사회적 책임을 기대하기 어렵다.

나 역시 어릴 때부터 부모님과 은사님, 그리고 사업을 하면서 주위 사람들에게 많은 도움을 받았기에 기회 있을 때마다 돈이든 경험이든 내가 가진 것을 조금이라도 나누려고 한다. 그런 점에서 선배 기업인으로서 후배 창업가들을 더욱 많이 돕고 싶다.

예술가를 위한
나눔

　2007년 창립한 경남메세나협회는 기업체와 예술단체가 일대일로 결연을 맺고 예술가들의 창작 활동을 지원하고 있다. 회원사가 150개가 넘는데 그중 대기업은 몇 안 된다. 작은 기업들이 주로 참여하다 보니 기부 환경이 열악하다. 연간 순이익률이 5퍼센트를 넘기 어려운 중소기업에게 1천만 원도 만만치 않은 금액이다.
　경남메세나협회에서는 보통 1년간 활동비를 지원한다. 국악단이나 미술협회는 물론 서예, 서각, 도자기 쪽에도 지원한다. 특히 우리 회사는 고유 문화예술인 국악의 계승을 위해 지원하고 있다.
　우리는 연간 매출 2퍼센트를 사회에 환원하는데 그중 40퍼센트를 문화예술 분야에 기부하고 있다. 프랑스는 법까지 만들어 문화 후원 기업에 예술 지원 금액에 대해 세액을 감면해 준다. 우리나라도 대중문화예술인지원센터 등을 두고 문화예술인을 지원한다고 하지만 구석구석까지

예술가들을 만나 그들에게 창의성을 배우는 일은 사업을 하는 나에게 의미 있는 일이다. (왼쪽부터 이찬규 전 창원대학교 총장, 금난새 선생, 필자)

미치지 못하는 것이 현실이다. 또한 청탁금지법이 시행되면서 새로운 법제도 아래에서 기업과 예술의 협력을 활성화하는 방안도 필요하다.

나는 예술에는 문외한이다. 처음에는 약간의 동정심에서 출발했다. 뛰어난 문화예술가들의 삶이 녹록지 않은 것을 보았기 때문이다. 더구나 뛰어난 예술가일수록 자존심이 강해서 쉽게 도움을 청하지 못한다. 자신의 작품을 싸게 내놓지도 않고 흥정하려 들지도 않는다. 경제적으로 힘든 예술가들을 도와주기 위해서, 그리고 호기심으로 하나씩 구입한 작품들이 모여 지금은 꽤 많은 예술품들을 소장하게 되었다.

소산(小山) 박대성(朴大成) 화백, 부인 정미연 화백과 함께

    나는 문화예술에 대해 따로 공부한 적이 없다. 하지만 비행기 엔진 부품을 만들어서 수출하는 내가 예술가들을 아끼고 좋아하는 이유가 있다. 예술가들은 늘 창의적인 활동을 하고 자신의 작품에 혼을 불어넣기 때문이다. 나는 그 점을 동경하고 좋아한다. 그래서 창의적인 정신을 배우기 위해 예술가들을 찾는다. 나도 그들처럼 창의적인 정신을 가지고 혼을 담아 제품을 개발하고 싶다. 기업을 하는 사람이면 누구나 창의적인 정신을 가져야 한다. 늘 새로운 패러다임을 추구해야 하기 때문이다.

    예술가의 창의성은 사실상 현대 문명을 꽃피우는 토대였다. 로봇이 사람이 하는 일을 대신하는 아이디어도 만화에서 처음 등장한 것이다. 현대 문명 자체가 예술 분야의 창의적인 발상으로 이루어졌다고 할 수 있다. 사실상 우리의 산업은 예술가들의 아이디어로 돈을 벌고 있는 셈이다.

기업의 경제 논리와는 다른 길을 걸어가는 예술가들에게서 발상의 전환과 창의성, 그리고 순수한 열정을 배울 수 있다. 사실상 그 세 가지는 기업을 선도해 가는 바탕이라고 할 수 있다.

나는 열정과 창의성이 넘치는 예술가들의 로열티를 그들의 작품을 구매하는 방식으로 작게나마 보답하고자 노력하고 있다.

역사적으로도 문화예술이 부흥하면 나라가 부강해진다고 했다. 그러한 점에서 문화예술 분야에 대한 기부는 우리의 정신과 삶을 풍요롭게 하는 데 기여하는 것이다.

국가를 위한
나눔

 2015년 북한이 매설한 목함지뢰로 장병 2명이 큰 부상을 입은 사건이 있었다. 두 장병들은 병원에 입원한 상태에서도 평생 군인으로 싸우겠다고 다짐했다. 그리고 전역을 앞둔 장병들이 제대를 미루고 나라를 지키겠다며 결연한 의지를 보여주었다. 국민의 한 사람으로서 이런 애국자들을 외면할 수 없어서 국방부에 성금을 기탁했다.
 그런데 이것이 사회적으로 이슈가 되어 기부한 액수에 비해 훨씬 큰 칭찬을 받았다. 어쨌든 마음 깊이 우러나서 기부한 것이 사실이다. 나는 보이는 기부, 보이지 않는 기부를 하는데 회사 규모로 보면 큰 액수이다.
 또한 중소기업융합 경남연합회장으로서 육군 39사단과 상호 협력과 우의를 바탕으로 군과 기업이 공동 발전을 이루기 위한 업무 협약을 맺기도 했다. 이를 통해 사단 장병들의 취업 알선 및 지원, 부대 위문 활동을 하게 되었다.

2015년 육군 제39사단을 방문해 위문성금 5천만 원을 전달한 후 답방한 김성진 사단장과 함께

대한민국은 다른 나라에서는 볼 수 없는 두 가지 특수한 상황을 안고 있다.

하나는 남북 분단으로 휴전 상태라는 것이다. 휴전은 전쟁을 일정 기한 멈춘 상태를 말한다. 언제든 전시 상태가 될 수 있다는 뜻이다. 국가 안보의 첨병은 군인이다. 더구나 우리나라와 같은 남북 대치 상황에서는 군인들의 역할이 더욱 중요하다. 따라서 무엇보다 군인들의 사기가 떨어져서는 안 된다. 목숨을 다해 나라를 지키고자 하는 군인들이 애국심과 명예를 가지고 임무를 수행할 수 있는 환경을 만들어가야 할 것이다.

또 하나는 대한민국은 좁은 땅덩어리에 지하자원이 거의 없는 나라

2016년 12월에 1억 원 이상을 기부하는 개인에게 주어지는 아너소사이어티 회원에 가입되었다.

라는 것이다. 따라서 나라 경제가 공산품 제조와 수출에 크게 의지하고 있다. 지하자원이 없는 나라에서 기업을 경영하는 경제인들도 군인들 못지않게 애국하는 바가 크다.

안보는 경제의 바탕이다. 모래 위에 성을 쌓으면 어떻게 되겠는가? 기초가 튼튼해야 건물을 올릴 수 있다. 군인들이 나라를 안전하게 지켜야 기업인들이 마음 놓고 경제활동을 할 수 있다. 특히 우리나라와 같은 분단국가에서 안보는 곧바로 경제와 직결된다. 북한의 도발이나 북한과의 관계가 악화되면 곧바로 주가가 하락하고 국가 신용도가 떨어지며 수출과 수입에도 타격을 입는다.

이러한 점에서 나라를 지키는 군인들에 대한 기부는 곧 국가를 위한 기부인 것이다. 국가가 없다면 기업인은 아무것도 할 수 없다. 그렇기 때문에 기업인은 사회적 책임을 다해 국가에 기여하는 기업가정신을 갖춰야 한다. 국가를 위해 일하는 정신은 어릴 때부터 가정과 학교에서 인성교육으로 가르쳐야 한다. 교육을 통해 나눔을 실천하는 습관을 들여야 사회가 발전하고 국가가 부강해지는 것이다.

1950년 일어난 6·25전쟁은 국가와 국민에게 큰 상처와 피해를 남겼다. 그리고 휴전 상태임에도 불구하고 지난 60년간 크고 작은 남북 간의 충돌이 수없이 일어났다. 미국 푸에블로호 납치, 김신조 일당의 청와대 습격, 천안함 폭침, 백령도 포격 등 전쟁에 버금가는 사건과 무력 충돌이 끊임없이 국가와 우리 국민의 생명을 위협해 왔다. 공산주의 북한이 있는 한 국가의 안보관은 철저히 해야 한다는 것이 나의 신념이며 나라를 지키는 제1의 수호 정신이라 생각한다.

think about

가족이 생각하는 김찬모 대표
아내 이외숙

"기부는 힘들었을 때 받은 것을 돌려주는 것이라고 생각해요."

나의 사랑하는 가족, 아내와 두 딸

- 김 대표님이 어렸을 때부터 지금까지 살아온 얘기를 많이 해주셨어요. 가족 얘기도 조금 하셨는데 사모님에게 궁금한 것들이 있어서 이렇게 자리를 마련했습니다. 대표님의 핵심 키워드가 기부잖아요. 대표님이 보통 사람들보다 기부를 많이 하시는데 그런 모습을 옆에서 지켜보면서 어떤 생각이 드는지 가장 궁금합니다.

남편은 사업을 하면서 이익이 나면 기부하는 것이 원칙이라고 하는데 보통 사람들은 그렇게 하지 않잖아요. 저도 회사 일에 약간 관여하다 보니 늘 흑자만 나는 것은 아니라는 사실을 잘 알거든요. 그리고 회사 수익은 직원들이 열심히 일해서 벌어들이는 거잖아요. 그러니 그에 따른 보상도 해줘야 하고요. 남편은 성과금을 내걸어요. 다달이, 분기별로, 연말에, 목표를 100퍼센트 달성하면 성과금을 100퍼센트 지급하겠다는 식으로 말이에요.

- 이번에는 얼마나 기부를 하셨나요?
남편 개인과 회사가 합해서 2억 가까이 기부했어요. 저도 경리 업무를 본 지 햇수로 15년 넘어가는데 초창기에는 이렇게 못했죠. 그때는 늘 적자였으니까요. 2015년에는 단체 회장을 맡으면서 더 많이 기부했고, 또 남편이 어렵게 자랐기 때문에 더 많이 베풀어야겠다고 생각하는 거죠.

- 주로 어디에 기부를 하시나요?
처음에는 형편이 어려운 학생들에게 장학금을 주는 것으로 시작했어요. 저도 대찬성이었고요. 남편이 좋은 일을 하겠다는데 제가 불만을 얘기하기가 쉽지 않잖아요. 그래도 이번에는 우리 수입에 비해 너무 많이 했다고 했더니 남편도 인정하더라고요. 그런데 소문이 나다 보니 너무 많은 사람들이 찾아오는 거예요. '대표님, 도와주십시오' 하는 사람들이 많은데 저는 솔직히 진짜 어려운 사람들을 도와주는 것은 좋은데 받은 사람이 또 도와달라고 손을 내미는 것은 아니라고 생각해요.

- 어려운 사람들을 한 번씩 도와줘야 한다고 생각하는 것도 쉬운 일이 아닌데 사모님도 대단하신 것 같아요.
남편이 힘들었을 때 받은 것을 돌려준다고 생각해요. 그리고 얼마가 되었든 열심히 일해서 번 돈을 좋은 일에 쓸 수 있으니 보람도 있고요.

- 김 대표님하고는 다른 환경에서 성장하셨다고 들었어요. 그러면 서로 너무 달랐을 텐데 어떻게 결혼을 결심하셨는지 궁금합니다. 대표님이 지금처럼 성공할 거라는 믿음이 있었나요?
저는 그때 공무원 생활을 했어요. 요즘에는 공무원이 되려면 하늘의 별 따기라잖아요. 그런데 그 당시에는 공무원이 인기가 별로 없었어요. 일반 업체와 임금 차이도 많이 났으니 상대적으로 들어가기 쉬웠지요. 요즘은 맞벌이를 당연하게 여겼지만 그때는 안 그랬어요. 여자가 결혼하고도 직장 생활을 하면 주변에서 남편이 얼마나 못 벌면 여자가 돈벌이를 하느냐 하는 시선으로 봤으니까요.
저는 공무원이다 보니 일반 회사원이 좋아 보였어요. 그래서 회사원하고 결혼해야겠다고 늘 생각했고, 회사원하고 선을 본 거예요. 그리고 결혼하면서 직장을 그만뒀는데 그때는 이 사람이 나중에 사장이 될 거라거나 회장이 될 거라는 생각은 못 했어요. 살아봐야 알잖아요. 여기까지 오는 동안 남편이 고생을 많이 했죠. 열심히 노력했고 저도 많이 도왔지만 운도 따라줬어요. 여러 가지가 복합되어 여기까지 오지 않았나 싶어요.

- 대표님이 회사를 잘 다니다 노조 문제로 갑자기 그만두셨잖아요. 그러고 나서 3년 동안 부산에 있는 신발 공장을 하면서 무척 힘들었다고 말씀하셨는데, 사모님은 어떠셨나요?
그때는 운이 안 따라준 것 같아요. 하필이면 신발 산업이 하향길로 들어섰을 때였으니까요. 그것도 남이 아니라 친구가 그랬으니 배신감도 많이 느꼈겠죠.

친구도 나름대로 배려를 한다고 했겠지만 제가 볼 때는 잘못 받은 것 같았어요. 넘겨주니까 받긴 했는데 계속 터지니까 뒤늦게야 잘못 받았다는 것을 깨달았죠. 직장 생활만 한 사람은 사업을 잘 모르잖아요. 사회에서는 나 스스로 일어서야지 불쌍하다고 누가 다독여주지 않거든요.

맨 처음 공장을 인수했을 때 신발 업종에 새로 도전한다는 생각으로 열심히 했는데 결국 안 좋게 돌아왔어요. 믿고 했는데 생각대로 되지 않으니 어려움에 부딪혔죠. 정말 열심히 해서 납품하고 월급도 제때 줘야 하는데 수금이 안 되는 거예요. 무엇보다 직원들 월급을 줘야 하니 생활비는 뒷전이었죠. 회사가 우선이니까.

- 그때 사모님도 무척 힘드셨겠네요.

남편은 일주일에 한 번 정도 집에 들어왔어요. 토요일 저녁에 들어오면 일요일 하루 쉬고, 월요일 아침에 다시 출근하면서 만 원 주고 가면 그걸로 일주일을 살았어요. 그때 다른 집 애들은 미술학원이나 속셈학원에 다녔는데 우리 애들은 못 가니까 부러워했어요. 그런 아픔이 있으니까 더 열심히 한 거죠. 고생 끝에 낙이 온다고, 그렇게 해서 여기까지 온 것 같아요.

- 사람들이 바닥이라고 표현하는데 바닥이 없으면 성공할 수 없는 것 같아요.

그렇죠. 성공한 사람들 보면 고생 안 한 사람이 거의 없어요. 밑에서부터 올라가야 성공하지 부모 잘 만나서 금수저를 물고 태어난 사람은 성공을 못할 것 같아요. 하여튼 우리 애들도 그렇고 남편도 그렇고 저도 정말 고생 많이 했어요. 납품하면 자꾸 터지고 또 터지니까 일할 맛도 안 나고요. 돈도 많이 빌렸어요. 차용증을 수도 없이 썼으니까요.

- 그럼 부경을 인수한 다음 바로 사모님도 같이 일하신 거예요?

처음부터 같이 하지는 않았어요. 처음에는 경리일을 하는 직원이 있었어요.

그 직원이 일을 참 잘했는데 결혼하면서 그만두기로 한 거예요. 그런데 결혼하고도 계속 일했고 임신하고 출산휴가를 두 달 줬어요. 그러니 두 달 동안 일할 사람을 구해야 하는데 쉽지 않은 거예요. 사무실에 아무도 없으면 안 되잖아요. 그래서 남편이 저한테 두 달 동안 전화 좀 받고 사무실만 지켜달라고 하더라고요. 그래서 나오게 됐어요.

- 그때부터 쭉 나오셨어요?

그렇지는 않아요. 출산휴가를 마친 직원이 아기를 시어머니에게 맡기고 출근하면서 자연스럽게 저는 나왔는데, 그 직원이 아무래도 아기를 자기가 키워야겠다면서 회사를 그만뒀어요. 그때도 사람을 못 구해서 제가 다시 나간 거예요.

- 부부가 같이 일하면 싸운다고 하는데 그러지 않으셨나요?

당연히 싸울 때도 있었죠. 아예 회사 일을 모르면 괜찮은데 제가 알고 있으면 간섭 아닌 간섭을 하게 돼요. 생활비 받아 집에서 살림만 하면 모르는데 여기에 앉아 있다 보니 눈에 보이는 거예요. 사업을 하다 보면 자주 돈을 빌리게 되더라고요. 차용증을 수없이 쓰다 보니 이건 아니라는 생각이 들었어요. 그래서 나는 앞으로 돈을 빌리지 않겠다고 했어요. 돈을 빌리기 싫으니까 차라리 굶자고 했죠. 회사를 운영하다 보면 부채는 당연한 건데 저는 부채율이 이해가 안 되었어요. 사업이 잘되면서 돈을 빌려주기도 했는데 사람들이 약속을 안 지키는 거예요. 그것도 몇억씩 비면 정말 이해가 안 되었죠. 그래서 공부도 많이 했어요. 지금은 어느 정도 터득하고 많이 배워서 회사가 돌아가는 사정을 알게 되었죠. 아무래도 돈 때문에 많이 싸웠어요.

- 대표님이 못 보시는 것을 보신 거겠죠?

남편은 어려운 사람이 열 사람이면 열 사람 다 도와줘야 하는 사람이에요. 저는 도와주는 것은 좋은데 골고루 도와주자고 하죠. 물론 남편이 국악이나 예술 분야까지 다양하게 지원합니다. 하지만 어떤 사람을 도와주면 그 사람이 또 다른 사람에게 "부경 사장한테 가봐라. 그럼 도와줄 거다" 그러는 거예요. 저는 그게 못마땅했어요. 학교에는 얼마든지 기부해도 좋지만 예술하는 사람을 개별적으로 도와주는 것은 반대합니다. 어린이재단을 도와주는 것도 찬성해요. 하지만 예술은 공부와 다르잖아요.

- 따님을 두 분 두셨는데 대표님에게 가업 승계를 여쭸더니 아직 모르겠다고 하시더라고요. 두 따님은 기업가 김찬모를 어떻게 생각하는지 궁금합니다.
딸들은 아빠가 어렵게 노력해서 여기까지 온 것을 대단하다고 생각하죠. 두 딸의 성격이 너무 달라요. 큰딸은 온화한 편이고, 작은딸은 활동적이에요. 그래서 작은딸한테 물려주면 어떨까 생각했어요. 작은딸도 자기 생각이 있으니까 어떻게 할지는 아직 결정하지 않았는데 아버지를 닮아서 승부욕이 강하고 남한테 지기 싫어해요. 그래서 그런지 아직은 배울 게 많다며 더 공부하겠다고 하더라고요.

- 대표님이 워낙 바쁘셔서 가족과 시간을 많이 보내지 못했을 것 같아요.
그래도 애들이 어렸을 때는 틈틈이 놀러 다녔는데 애들이 클수록, 또 지금은 서로 떨어져 있으니까 얼굴 보기 힘들죠. 작은딸은 한 달에 한 번 정도 오는데, 같이 식사하면서 이야기를 나눠요.

- 대표님이 요리를 잘하신다고 들었어요. 가족이 모이면 음식도 직접 하고 그러시나요?
남편이 요리를 잘해요. 매운탕은 내가 끓인 것보다 더 맛있어요. 남편이 고등학교를 졸업하고 서울에 올라가 취업했잖아요. 혼자 살다 보니 아무래도 직접 음식을 하게 된 것 같아요. 요즘은 요리할 기회가 별로 없는데 가끔 한 번

큰딸 보경의 결혼식을 앞두고 아내와 작은딸 덕경이 함께 찍은 기념사진

씩 하면 맛있어요.

- 부경이 국내 최초로 항공기 부품을 국산화함으로써 크게 성장하는 과정을 지켜보면서 가장 보람 있고 행복했던 때가 언제인가요? 또 언제 '내 남편이 자랑스럽다'고 느끼시나요?

지금 부경은 처음과 비교하면 정말 많이 좋아졌잖아요. 그래서 좋은 곳에 기부도 많이 할 수 있게 되었고요. 하지만 저는 무엇보다도 직원들과 같이 일할 때가 좋았어요. 회사 대표가 공장에서 같이 밤도 새우면서 열심히 일하니까 회사가 발전을 하는구나 싶었죠. 보통 사장들은 직원들과 같이 일하지 않잖아요. 그때 '내 남편이지만 대단하다'고 생각했지요. 그렇게 했으니 여기까지 왔구나 싶었어요. 직원들과 같이 밤샘하고 일할 때처럼 보람된 순간이 없었어요.

- 대표님이 기부도 많이 하지만 후배들을 키우기 위해 물심양면으로 투자하면서 기회를 만들어주는 모습을 보면 어떤 생각이 드세요?

그건 좋은 일이죠. 남편은 직원을 데리고 있다가 어느 정도 경력이 쌓이면 분사를 많이 해줘요. 그런 사람이 수십 명 정도 되는 것 같아요. 조금 값이 나가는 것도 그냥 제공해 주고 벌어서 갚으라고 하면서 많이 도와줬어요. 사업가로서 정말 잘한 일이라고 생각해요. 보통은 직원을 데리고 있으면 내가 얼마를 벌지 생각하지, 분사하겠다는 생각은 안 하거든요. 그런 면에서도 제 남편이지만 멋진 사람이에요.

- 부부가 같이 살면 닮는다고 하는데 사모님이 계시니까 대표님이 기부하실 수 있었을 거라는 생각이 들어요. 마음 씀씀이라든가 봉사정신이 대표님 못지않으십니다.

그런가요? 하하.

- 대표님의 기부에 대한 생각을 우리나라 많은 중소기업이 본받았으면 좋겠어요.
어떤 사람들은 열심히 벌어서 나만 잘살고 내 자식만 편하면 됐지 기부를 왜 하느냐고 하는데 기부문화도 정말 많이 바뀌어야 해요.

- 대표님이 앞으로 이런 것은 좀 함께했으면 좋겠다 싶은 것이 있나요?
남자들도 나이가 들어가면 가정에 더 충실하고 가족과 시간을 많이 보내야 하는데 일을 많이 하다 보니 그럴 시간이 별로 없어요. 게다가 사회활동을 많이 하니 정말 같이할 시간이 부족하지요. 운동하자, 저녁을 같이 먹자고 하지만 남는 시간 찾아 스케줄을 맞추어야 하니 쉽지 않아요. 그래서 나이도 되고 했으니 물려주고 우리끼리 시간 보내자고 하니까 앞으로 괜찮아지지 않겠나 하면서도 아직까지는 본인 일도 하고, 좋은 일도 더 많이 하고 싶은가 봐요. 이다음에 나이가 더 들고 힘이 없으면 하고 싶어도 못 한다고 생각하는 것 같아요.

- 대표님과 사모님의 건강은 어떠세요? 대표님은 젊을 때 운동을 많이 하셨다던데요.
남편은 젊을 때 운동을 다 잘했어요. 그 체력을 아직까지 유지하고 있는 것 같아요. 남편은 어디가 아프다기보다는 사업을 하다 보니 술을 많이 마셨죠. 게다가 거절을 못 하는 성격이에요. 요즘은 나이가 있으니 몸을 좀 챙기면서 얼굴이 많이 좋아졌어요. 저는 살이 안 찌는 체질이에요. 한 달에 두 번 정도 골프를 하는데 회사에 매여 있다 보니 자주 나가지는 못해요.

- 사모님도 그동안 부경이 성장하는 데 참여하셨잖아요. 앞으로 부경이 어떤 회사로 발전하기를 바라시나요?
저는 부경이라는 회사가 지금도 속이 꽉 차긴 했지만 내실이 더 튼튼했으면 좋겠어요. 겉만 번드르르한 회사가 아니라 진짜 내실이 꽉 차고 직원들이 함께 건강하게 잘살 수 있는 회사가 되었으면 좋겠어요. 직원들이 부경에 잘 들어왔구나, 정말 좋은 회사구나 하는 자부심을 가지고 한 가족처럼 모두 다 행복하면 좋겠어요.

어느 날
일기에서

대한민국에 번지고 있는 이 불을 좀 꺼주십시오!

하늘이시여! 천지신명이 계신다면 제발 이 불을 좀 꺼주십시오!

지금으로부터 8년 전인 지난 2008년 설날 연휴에 한 촌부가 토지 보상에 불만을 품고 국보 제1호인 숭례문에 불을 질러 온 국민의 가슴을 아리고 쓰리게 했으며, 소방차도 그 불을 끄지 못해 온 국민의 발을 동동 구르게 했으며, 결국 가슴조차 새까맣게 그을리고 말았습니다.

하필 그해, 또 쇠고기 수입 파동(광우병)으로 촛불이 서울을 그을렸습니다.

그로부터 8년이 지난 뒤, 거머리 같은 귀신이 또 우리에게 돌아왔습니다. 하나는 '순실이 사건'이요, 하나는 시위 중 숨진 고 백남기 씨 사건입니다. 이 두 가지 불이 2008년 불의 부메랑이 된 듯 온 나라를 태우고 있습니다.

8년 전, 그 두 가지 불이 우리에게 무엇을 남겼습니까? 다 타고 시커먼 잿더미만 남겼습니다.

최순실과 고 백남기 씨의 촛불이 온 나라를 태울 기세입니다.

1987년 당시 민주화의 준비가 덜 된 나라에 노태우 씨가 오직 정권을 잡기 위해 친구·동지를 배신하고 계략한 6·29 민주화 선언 이후 약 30년간 집회와 데모, 선전과 온갖 갈등을 조장하는 꾼들의 부추김으로 이 나라의 생채기는 이제 치유하기 어려운 지경에 이르렀습니다.

13년 전 현직 대통령이 오죽하면 "정말 대통령 못해먹겠다"고 심경을 토로하고 그 임무가 끝난 뒤 투신, 유명을 달리했습니다.

현 대통령은 "내가 이러려고 대통령 했나"라고 탄식했습니다.

천지신명이시여! 우리는 어쩌면 좋습니까?

우리 백성은 순진무구하여 그저 나라님만 믿고 살아가고 있습니다. TV를 보기 무섭고 또 부끄럽습니다!

언론은 국민의 알 권리를 충족시키는 동시에 공정 보도·방송을 해야 합니다. 그런데 '갈등 박사'들이 기획한 일부 방송은 되레 불에 기름을 부어 구경꾼들을 불러 모아 장사를 하는 형국입니다.

천지신명이시여! 저는 실업계 고등학교를 나와 오직 기능을 연마하여 중소기업을 경영하고 있습니다.

우리 회사는 항공기 부품을 제조하여 전 세계에 수출하는 50명 남짓한 소규모 회사입니다.

직원들은 특성화 고등학교를 재학 또는 졸업한 19세에서 37세로 평균 24세 정도입니다. 이 친구들이 15년 이상 12시간 주야 교대를 해가며 밤에는 올빼미 눈을 하고 날이 새면 충혈된 눈으로 집에 돌아가 가족들 얼굴도 보지 못하고 또다시 밤이 되면 산업 현장으로 돌아옵니다.

항공기 부품 원자재는 성분이 니켈로, 가공비 단가의 10배에서 20배를 호가합니다. 부품 1개의 원자재값이 1억 원을 넘는 것도 수두룩합니다. 여차하면 1억 원을 날리는 살얼음판의 현장에서 지난 30년간 한 번의 투쟁도, 집회도, 데모도 하지 못했습니다.

악랄하고 못된 이 사주 때문일까요? 급여는 데모를 많이 하는 대기업의 3분의 1 정도입니다.

천지신명이시여!

저는 오늘 새벽 정한수를 떠놓고 천지신명께 빌겠습니다. 우리 '고사리 직원'들이 더 이상 실의에 빠지지 않고 꿋꿋하게 일하게 해달라고요.

또 하나는 "이 나라에 붙은 불을 천지신명께서 좀 꺼주십시오"라고 간절히 기도하겠습니다.

국난의 위기에 갈등이 아니라 타협으로 안정을 찾아야 할 것이 아니겠습니까?

치열한 국제경쟁 속에 침몰하는 대한민국을 반드시 살려야 하지 않겠습니까?

— 2016년 11월 9일

부록

언론 속
김찬모 대표

Media Report

영주제일고에 고액 기부자 1호 탄생… 김찬모 부경 대표 기부금 1억 5천만 원

모교에 효 행사비 11년째 지원… '지뢰폭발 사고' 5천만 원 성금도

졸업생인 김찬모 부경 대표이사가 영주제일고 아너소사이어티 1호 회원으로 선정됐다.

매일신문 마경대 기자 ──────────────── 2018. 3. 6

　　　　영주제일고등학교(교장 임원수) 제1호 '고액 기부자' 회원이 탄생했다. 고액 기부자란 1억 원 이상 개인 고액 기부자들의 모임을 일컫는다.

영주제일고는 2일 입학식에서 2006년 이후 현재까지 누적 기부금 1억 5천만 원을 달성한 김찬모 ㈜부경 대표이사에게 '영주제일고 고액 기부자 1호' 인증패를 전달했다.

영주시 장수면 출신인 김 대표는 경남 창원시에서 항공우주 엔진부품 제조 회사를 경영하고 있는 전문 경영인(CEO)으로 다른 회사와 차별화된 기술과 끊임없는 연구개발, 혁신을 통해 세계무대를 넓혀가는 건실한 기업인이다. 특히 효 실천에 대한 의지가 남달라 모교에 효 장학금과 효 행사 지원금 약정을 체결하고, 11년째 효 행사비를 지원해 오고 있다.

평소 고향사랑과 모교사랑에 남다른 애정을 쏟아온 김 대표는 영주 지역뿐 아니라 '부족함이 있는 곳'이면 전국 어디라도 찾아가서 지원하는 기부천사이다. 그는 2015년 8월 북한군 목함지뢰 폭발 사고를 당한 희생 장병을 돕기 위해 전국에서 처음으로 국방 성금 5천만 원을 기부하는 투철한 국가관을 보이기도 했다.

평소 2만 8천여 명 영주제일고 동문은 후학 양성을 위해 개인 장학회를 개설, 장학금을 지급해 오고 있는 학교로 알려져 있다. 임원수 교장은 "성적이 우수한 학생뿐 아니라 인성과 봉사활동, 가정형편이 어려운 학생들에게 맞춤형 장학제도를 운영하고 있다"며 "모교 사랑에 힘을 보태는 동문이 많아 앞으로 영주제일고 고액 기부자 회원은 제2호, 제3호로 이어질 것으로 기대한다"고 말했다.

경남대학교 통일미래최고위과정, 발전기금 2,000만 원 쾌척

2기 원생들, "북한·통일 분야의 질 높은 강의를 마련해 준 대학에 감사"

경남대학교에 발전기금으로 2천만 원을 기부한 (주)부경 김찬모 대표

씨앤비 뉴스   강우권 기자 ——————————————— 2018. 2. 6

경남대학교 행정대학원(원장 최낙범) 통일미래최고위과정 2기 학생회(회장 김찬모)는 5일 오후 총장실을 방문, 박재규 총장에게 대학발전기금 2,000만 원을 쾌척했다.

통일미래최고위과정 2기는 지난 2017년 9월에 개설해 매주 목요일마다 북한·통일 분야에서 쌓은 오랜 역사와 탁월한 업적을 바탕으로, 통일·외교·안보 분야에서 풍부한 경험을 갖춘 국내 최고 수준의 전문가들을 강사로 초청해 한반도의 과거와 현재 및 미래에 관한 다채로운 특강을 진행하고 있으며, 김찬모 ㈜부경 대표이사가 2기 학생회 회장을 맡아 왕성한 활동을 해왔다.

김찬모 회장 외 원생들은 "북한·통일 분야의 질 높은 강의를 마련하고 학생회의 활성화를 위해 노력을 아끼지 않은 경남대에 감사드린다"며 "앞으로도 우리 2기 원우들이 통일미래최고위과정의 활성화와 발전을 위해 최선의 노력을 다하겠다"고 말했다.

이어 박재규 총장은 "통일미래최고위과정 2기 김찬모 회장님을 비롯한 원우님들의 발전기금 쾌척에 진심으로 감사드린다"며 "이 과정이 앞으로도 한반도 평화·통일 교육과 연구의 장으로 계속해서 성장할 수 있도록 노력하겠다"고 화답했다.

영주시 인재육성장학회, 각계각층 장학금 기탁 줄이어
㈜부경 김찬모 대표 1,000만 원 장학기금 기탁

장욱현 영주시장에게 영주시 인재육성장학기금을 전달하는 ㈜부경 김찬모 대표

도민일보 류동수 기자 ——————————————— 2017. 06. 01

계속되는 가뭄과 본격적인 무더위가 이어지는 가운데 (재)영주시 인재육성장학회(이사장 장욱현 영주시장)는 가슴까지 시원한 장학금 기탁 소식을 전했다. 장학회는 지난 27일 한국선비문화수련원 옥탁관에서 장학생 215명에게 장학증서를 전달했다.

같은 날 (주)부경(대표 김찬모)이 축제장을 찾아 1,000만 원의 장학금을 기탁했다. (주)부경은 창원시에 소재한 항공기용 부품 제조업체로 김찬모 대표는 영주 출신 출향인이다.

김 대표는 지역에 대한 애정과 관심을 놓지 않으며, 2013년부터 매년 1,000만 원씩을 기탁해(누적 기탁금 5,000만 원) 지역인재육성에 큰 힘을 보태고 있다.

지난 5월 26일에는 영주시테니스협회(협회장 윤성락)가 200만 원을 기탁했다. 협회는 생활체육활동을 통해 건강한 삶을 영위하기 위해 애쓰는 단체로 지난 2011년부터 올해까지 5차례 총 700만 원의 장학금을 기탁했다.

김찬모 (주)부경 대표는 "지역 학생들의 꿈과 희망을 키우는 장학사업에 동참하게 되어 기쁘다"며 "장학회를 통해 장학금 지원을 받은 학생들이 나라의 큰 인물로 성장하기 바란다"고 말했다.

선배 기업가, 청년 창업가 이끄는 동력
김찬모 경남청년창업석세스코칭협회 초대 회장

1월 보육기업 입주 공간 완성 "생산까지 이어지는 데 중점"

지역사회와의 소통을 강조하는 김찬모 청년창업석세스코칭협회 회장

 이시우 기자 ──────── 2016. 12. 13

　　　올 연말 조선해양산업 구조조정과 기계산업 정체 등 도내 주요 산업 침체에 따라 대량 실직이 현실화되고 있다. 가뜩이나 청년실업 문제가 심각한 속에서 기존 인력조차 실직자로 노동시장에 쏟아진다. 이런 상황에서 비영리법인을 만들어 경남지역 선배 기업가들이 청년창업가를 지원해 도와 청년실업 문제를 조금이나마 돕겠다고 나선 단체가 있어 눈길을 끈다. 지난 9월 27일 창립한 사단법인 경남청년창업석세스코칭협회가 바로 그 단체로 이 법인을 만들고 이끄는 이는 ㈜부경 김찬모 대표이사다. 그를 만나 창립 두 달이 조금 넘은 법인 현황과 내년 사업 방향, 현 창업 지원 정책에 대한 조언을 들어봤다.

자기 사업을 하면서 이런 법인을 만들어 활동하기 쉽지 않을 텐데 창립 2개월여가 지난 협회 현황은?
경남창조경제혁신센터 이사장과 중소기업융합연합회 경남연합회 회장, 창업엔젤투자클럽 등을 하면서 청년 창업가를 많이 봐왔다. 최근 성과를 내는 플라즈마코리아에는 직접 멘토 역할을 했다. 이를 보니 정부나 자치단체 지원도 필요하지만 청년 창업가에게 실제 창업하고 기업 경영을 해온 선배 기업가가 실질적인 조언을 하고 때로는 힘을 실어줄 필요가 있겠다 싶었다. 국내 창업 관련 인프라는 교육, 멘토링, 투자, 성장, 재도전 등에 대한 연계가 미흡하고 인적 네트워크도 상당히 부족하다. 그래서 창업에 성공한 선배 기업가와 전문가가 결합해 모든 애로를 해결할 수 있는 종합컨설팅 클러스터 구축이 필요하다. 현재 주로 멘토 역할을 하는 정회원이 35개 기업 대표(관계자), 준회원으로 주로 멘티가 되는 기업이 23개 사가 각각 있으며 공인회계사, 공인노무사, 변호사, 대학교수, 기업 대표 등 15명이 전문가로 참석하고 있다. 내년 상반기까지 정회원을 50개 사로 늘릴 예정이다. 시중은행 세 곳, 창원대, 중진공 경남본부 등 12개 기관·업체와 MOU를 맺었다.

내년부터 창업보육센터 역할도 한다고 들었다. 구체적인 계획은?
청년 창업을 위한 세미나와 포럼·토론회를 자주 열고, 내년 1월 초부터 보육 기업이 입주할 공간을 마련했다. 한국산업단지공단 4층에 10개 보육 기업 입주 공간과 협회 사무실로 쓸 80여 평을 확보해 인테리어 공사에 곧 들어갈 것이다. 최종 평가를 거쳐 입주할 보육 기업은 기존 보육 기관 인큐베이팅을 마친 기업을 중심으로 실제 사업화가 가능할지를 보고 집중적으로 지원할 것이다. 창업 혹은 스타트업 기업은 연구개발에는 성공하지만 제품 양산 단계에서 실패하는 예가 대부분이다. 그래서 사업 아이템이 생산까지 이어지는 데 중점을 둘 것이다. 기존 기업은 새 아이템을 찾고 창업 기업은 자기 아이템을 바로 사업화하니 서로 윈윈하는 셈이다.

우리나라 혹은 도내 창업 지원 제도에 대해 조언을 해준다면?
우리나라는 법인이나 개인사업자 설립이 너무 쉽다. 그러니 기업가정신을 배양하지 못한다. 또 쉽게 빚을 져서 사회적 부담을 가중시킨다. 중국은 보통 사업자등록이 나오려면 6개월은 걸린다. 개인사업자도 보름에서 3개월 정도 걸린다. 급행료를 내더라도 사업자등록은 3개월이 걸린다. 우리는 창업과 창업 R&D 자금 지원에 너무 관대하다. 이런 꼼꼼한 사전 검증을 하되 지원은 확대할 필요가 있다. 다른 한편으로는 청년 세대에 사업 창업이 아닌 자영업을 하도록 부추기는 것도 다소 문제다. 청년 세대의 꿈을 너무 작게 만든다. 한창 큰 꿈을 품고 그 꿈을 키워야 할 때 우리 사회에 이미 넘쳐나는 자영업자가 더 많아지도록 정부가 나서서 지원하는 게 맞는지 모르겠다. 유니콘 기업 창출 같은 포부를 키우도록 해야 한다.

경남창조경제혁신센터의 각종 지원 사업에 대한 생각은?
지역별로 대기업이 적극 돕고 청년 창업으로 세계적인 히든 챔피언 기업을 키워 청년 실업 해소와 창조적인 경제를 함께 잡겠다는 뜻은 좋다. 그런데 한두 달에 한 번씩 대통령 보고를 하며 어느 순간 지역센터별 실적 경쟁을 하고 있다. 보여주기식 정책이 되면 안 된다. 그렇지 않다면 정책 방향은 잘 잡았다.

끝으로 지역사회에 한마디 하면?
올해를 넘기고 새해를 맞는 시기다. 말 한마디면 천 냥 빚을 갚는다고 소통을 잘했으면 한다. 작게는 우리 회사 내, 크게는 내가 사는 지역으로 소통이 원활했으면 한다. 특히 지금 위기 상황에서 경남도와 창원시 최고 리더들이 다른 건 잘하고 있지만 소통은 그렇게 잘하는 것 같지 않다. 창원시민, 경남도민이 다 느끼고 있다. 내년 긴박한 국가적, 경제적 위기 상황에서 두 리더가 소통을 잘하도록 어느 때보다 노력했으면 한다.

㈜부경 김찬모 대표 경남 86호 아너소사이어티 가입
"기업인으로서 사회 환원 당연한 것"

㈜부경 김찬모 대표는 지난 12일 오전 경남사회복지공동모금회(회장 한철수)를 방문해 1억 원의 성금을 기부하기로 하고 아너소사이어티 가입 서명식을 가졌다.

"기부엔 기부 - 나눔은 사랑입니다. 사랑하는데 무슨 대가가 있습니까!" 아너소사이어티(Honor Society) 회원으로 가입하게 된 ㈜부경 김찬모(61) 대표의 가입 소감이다.

아너소사이어티는 지역사회 문제를 해결하고 기부문화의 성숙을 이끌어 사회공동체의 발전을 도모하는 사회지도자들의 모임으로 1억 원 이상 기부하는 개인에게 자격 조건이 주어지는 것으로, 현재 경남 지역에는 85명의 아너소사이어티 기부자들이 가입되어 있다. 이번 김찬모 대표의 가입으로 금년에만 20명의 아너소사이어티 회원이 탄생하게 된다.

경남지역 86호 아너소사이어티 회원으로 가입하게 된 김찬모 대표는 항공기 엔진 부품 제작 전문업체 대표로, 기업 운영 외에도 한국의 미래를 위한 청년 창업가 육성사업에 한창이다. 김찬모 대표는 (사)경남청년창업석세스코칭협회를 설립해 선배 기업인들이 재능 기부 형태로 청년 창업가들에게 멘토가 되어주고, 각종 지원 제도와 같은 정보를 공유하고 전수해 청년 창업가들이 시장경제에 진입해 한국의 미래를 탄탄하게 만드는 일을 하고 있다.

최원태 기자 — 2016. 12. 13

또한 인재 양성 사업에 관심이 많아 대학에 장학금을 지속적으로 기부하는 등 지역사회 내에서 사회공헌을 다방면으로 하는 나눔 선도자이다.

김찬모 대표는 "기업인으로서 사회 환원은 당연한 의무라고 생각한다"며 "많은 사람이 기브 앤 테이크(give & take)라는 말을 많이 쓰는데, 정말 좋은 일을 하고 내가 행복할 수 있다는 것은 기브 앤 기브(give & give)여야 가능하고, 많은 기업인이 이 좋은 일에 동참하면 좋겠다"라고 전했다.

한철수 경남사회복지공동모금회장은 "요즘 경기불황 및 어수선한 시국으로 인해 나눔에 대한 관심이 줄어들 것으로 생각되어 걱정이 많다"며 "이럴 때일수록 어려운 이웃들에게는 더 큰 고통이 이어지기에 많은 관심과 사랑이 필요하며 기업인들의 나눔 참여가 계속해서 이어지길 바란다"고 전했다.

1억 원 성금 기부 후 경남사회복지공동모금회 한철수 회장과 함께

㈜부경 김찬모 대표, 창원대학교 발전기금 기탁
후학 양성과 지역사회 발전 위해 5,000만 원 지원

후학 양성과 지역사회 발전을 위한 창원대학교 발전기금 5천만 원 기탁

프라임 경제   강경우 기자 ——————————————— 2016. 11. 24

창원대학교(총장 최해범)는 지난 23일 ㈜부경 김찬모 대표이사와 대학발전기금 기탁식을 개최했다. 이날 기탁식은 창원대 최해범 총장과 부경 김찬모 대표이사, 신동수 교무처장, 권광현 학생처장, 동성식 기획처장, 안병규 대학발전협력원장이 참석한 가운데 진행됐다.

김찬모 대표이사는 "후학 양성과 대학 및 지역사회의 발전을 위해 노력하는 총장을 비롯해 직원들께 감사하다"며 "적지만 대학기금을 전달하게 돼 기쁘게 생각한다"고 말했다. 또한 "우수한 인재를 양성하는 창원대학교의 발전은 지역사회 전체의 발전과 직결된다"며 "앞으로도 부경의 이익을 학생들에게 돌려줄 수 있도록 많은 지원을 아끼지 않겠다"고 밝혔다.

최해범 총장은 "경기의 불안정성으로 기업 경영에 많은 어려움이 있음에도 흔쾌히 대학발전기금을 기탁해 준 김 대표이사에게 감사드린다"며 "큰 뜻을 받아들여 창원대를 한 단계 도약시킬 수 있도록 최선을 다할 것"이라고 말했다.

한편 창원시 성산구에 본사를 둔 ㈜부경은 1985년 설립해 국내 중소기업 최초로 항공기 엔진 부품 국산화에 성공했으며, 첨단 친환경 기계 기술 보유 기업으로 성장하고 있다.

폴리텍 창원 캠퍼스와 ㈜부경, 산학교류 협약 체결
㈜부경 김찬모 대표, 적극적인 후원 약속

한국폴리텍Ⅶ대학 창원 캠퍼스와 (주)부경이 8일 대학 본관 2층 회의실에서 산학교류 협약식을 맺었다.

| 국제뉴스 | 강종효 기자 | 2016. 11. 08 |

한국폴리텍Ⅶ대학 창원 캠퍼스(학장 박희옥)는 8일 대학 본관 2층 회의실에서 ㈜부경(회장 김찬모)과 산학교류 협약을 체결했다.

이날 협약식에 박희옥 한국폴리텍Ⅶ대학 학장과 김찬모 ㈜부경 회장은 창원 캠퍼스 종합박람회 폴리텍전 행사 후원과 일·학습병행제 실시에 관한 협력 등 다양한 방면에서 상호 협력하기로 합의했다.

지난해 2015년 11월 개최된 창원 캠퍼스 종합박람회 폴리텍전에 방문해 600만 원의 후원금을 전달한 김찬모 회장은 올해 폴리텍전에도 적극 후원할 것을 약속했다.

창원 캠퍼스는 김찬모 회장이 협회장으로 활동하고 있는 경남청년창업석세스코칭협회와의 협력을 통해 창원 캠퍼스 재학생들의 우수한 기술력과 프로젝트 작품 등을 지적재산권 출원 및 창업 등으로 연계할 수 있는 방안을 앞으로 검토하기로 했다.

박희옥 학장은 "캠퍼스에서 갈고닦은 기술과 아이디어가 바로 현장으로 연결되고 제품화될 수 있도록 다양한 실행 방안을 모색하겠다"고 밝혔다.

청년 창업 기업가들에게,
김찬모 청년창업석세스코칭협회 회장

김찬모 청년창업석세스코칭협회 회장

 김찬모 회장 ─────────── 2016. 10. 31

　　과거 여러 차례 칼럼을 기고한 적은 있지만 지금처럼 사회적으로 복잡하고 경기적으로 암울한 시기도 드물었던 것 같다. 이 어려운 시기에도 우리나라에 매년 90만 개의 신생기업이 생기지만 그중 70만 개가 폐업을 한다는 데이터가 있다. 말이 폐업이지 거의 도산하는 것이고, 살아남은 20만 개 기업 중에서도 폐업은 아니지만 정상적 경영이 이뤄지는 기업이 10퍼센트 정도라고 하니 그야말로 하늘의 별 따기만큼 어려운 현실을 방증한다.

필자는 4년 전부터 Start-up 기업들에 많은 관심을 가지고 멘토링을 해왔고 창업 또는 예비 창업가들에게 100여 차례 특강도 했다. 그러다 보니 청년 창업가들의 심정과 의지에 대해 공감할 수 있었고 애로 사항이나 미흡한 사항도 파악할 수 있었다. 경우에 따라서는 절박하고 긴박하고 안타까운 마음에 조건 없는 지원도 여러 차례 하며 청년 창업가들과 가깝게 지내왔다.

지금의 경제시대는 그야말로 국경 없는 글로벌화로 최고의 경쟁력을 요구한다. 이런 첨예한 시대에 대응하는 우리 청년 창업가들의 마인드가 너무 허술하고 안일하게 생각되는 부분이 있어 한번 돌아보고자 한다.
과거 우리 세대에는 본인이 습득한 노하우(재능)로 그 분야의 기능 혹은 기술을 이용해 사업을 시작했다. 사업자금은 본인이 여러 해 동안 애지중지 모은 것과 부모님 또는 형제간의 종잣돈을 더해 사업을 시작하고 그래도 부족한 자금은 한 가정의 대들보인 집, 땅문서를 담보해서 사업을 영위한다. 한집안에 사업을 하다가 잘못된 가족이 있으면 온 집안이 풍비박산 나고 감옥을 가는 것이 흔하며 그 이상 비참한 말로를 당하기도 했다.

그런데 지금 Start-up 기업들의 시작에서는 그 간절함을 찾아보기 힘든 것 같다. 좋은 아이디어 하나로만 시작해 그 상품의 시장성과 경제적 가치에도 불구하고 준비 과정이 너무 허술하다. 많은 창업가의 공통점이 시제품 완성까지는 우여곡절 끝에 완성하지만 제품 생산(양산)에 들어가는 준비는 그야말로 절대 역부족이고 준비 과정 또한 허술하기 그지없다.

이렇게 된 사연은 여러 가지이지만 한마디로 말하자면 "Ready, Action" 하지 않음으로 인해 발생했다고 생각한다. 말 그대로 준비 상태가 너무 허술한 것이다. 거기다 정부의 청년, 스타트업 기업들에게 지원하는 제도도 좀더 검증돼야 할 부분이 많다고 본다.

성공한 기업가가 되기 위해서는 최고의 국가고시(행정, 사법)에 합격한 사람만큼 힘든 과정을 거쳐야 한다. 그럼 무엇을 준비해야 하나?

사업 준비는 많은 책에 나오듯이 돈, 사람, 기계, 일거리일 것이다. 이런 일감이 있어도 고객이 요구하는 Q, D, C, A를 만족시켜야 할 것이다(Q: 품질, D: 납기, C: 원가, A: 애프터서비스).

이런 과정과 더불어 이윤이 났을 때는 개인의 이익보다 사회에 환원한다는 확신이 있을 때 사업자등록을 신청해 사업자 면허를 받고 사장님이 되는 것이다.

청년이 미래다. 청년들이 각 분야에서 타고난 끼를 마음껏 발휘해 우리 대신 나라를 짊어지고 세계로 뻗어나갈 수 있게 정부와 선배 기업인들이 좀더 관심을 가지고 밀착해서 멘토가 되어주었으면 한다. 그리고 Start - up 기업가들 역시 영화감독처럼 목청이 붓고 터지도록 부르짖는 "Ready, Action"을 상기해 보기 당부드린다.

부경 김찬모 대표, 경남대에 「백자 달 항아리」 기증
㈜부경 김찬모 대표, 애장품인 우현 김기환 作 백자 전달

우현 김기환이 제작한 '백자 달 항아리'를 경남대학교 박재규 총장에게 기증했다.

 황재윤 기자 ———————————————— 2016. 10. 26

   경남대학교는 지난 25일 총장실에서 ㈜부경 김찬모 대표이사로부터 '백자 달 항아리'를 기증받았다고 26일 밝혔다. '백자 달 항아리'는 입언저리가 예각을 이루며 은행 알처럼 깎여졌고 몸체는 풍만하고 둥근 달 항아리 모양의 원호(圓壺)를 이루었다.
굽은 입부분과 비슷한 입지름을 가졌으며, 몸통의 중간 부분에는 성형에 어려움이 있어 윗부분과 아랫부분을 따로 만든 후 두 부분을 이은 이음 자국이 남아 있으며 유색은 설백색(雪白色)의 백자로, 일부 기면에는 담청(淡靑)을 머금은 유약을 발라 은은한 광택이 있다.

㈜부경 김찬모 대표이사는 기증식을 통해 "개교 70년을 맞은 경남대학교를 보면서 애장품 '백자 달 항아리'(우현 김기환 작품)를 기증코자 했다"며 "백자 달 항아리를 만드는 과정과 정성이 70년 경남대학교의 역사에 그대로 담겨 있는 것 같다"고 말했다.
'백자 달 항아리'는 점토로 한 번에 성형을 하기가 어렵지만 이를 빚어내고 1,300℃ 이상에서 24시간 이상 굽고 또 유약을 발라 다시 구워서 은은한 빛을 내고 있으며 학생들을 훌륭한 지역사회의 일꾼으로 길러내는 교육이 강한 경남대학교가 그간에 이루어낸 성과를 연상시킨다는 것이다.
이어 박재규 총장은 "애장품을 기증해 주신 데 감사드리며 우리 대학교 박물관에 소장해 많은 사람이 관람할 수 있도록 전시할 것"이라며 "최근 김찬모 회장님이 설립한 '청년창업석세스코칭협회'도 많은 성과를 내어줄 것을 당부한다"고 밝혔다.

㈜부경 김찬모 대표이사,
경남대에 발전기금 1,000만 원 쾌척
70년의 터전, 경남대학교가 더욱 든든한 대학으로 거듭나길 기대

경남대학교 발전기금 전달 후 박재규 총장과 함께

경남대학교(총장 박재규)는 지난 10일 오후 2시 총장실에서 ㈜부경 김찬모 대표이사로부터 개교 70주년 기념 발전기금 1,000만 원을 전달받았다. ㈜부경(대표이사 김찬모)은 항공기 엔진 핵심 부품을 가공하는 업체로서 외국의 유수 항공사들로부터 기술력을 인정받은 초일류 기업이다.

강우권 기자 ──────────────────── 2016. 10. 12

김찬모 대표이사는 600여 회원사들이 있는 '중소기업이업종융합경남연합회' 회장(2014~2015)을 맡아 영호남 기업인의 교류와 중소기업의 활성화에 기여한 공이 크다. 최근에는 청년 창업자가 조기 정착·발전하도록 자금 지원과 기술 지도를 하며 회원 기업과 청년들과의 취업 인턴십 연계를 통해 청년 실업 해소는 물론 중소기업 발전과 나아가 국가경제 발전에 기여함을 목적으로 하는 비영리사단법인, 경남청년창업석세스코칭협회를 만들어 운영하고 있다. 이는 김찬모 회장이 강조하고 실천하는 나눔과 베풂의 삶이다.
㈜부경 사무실에는 커다란 태극기가 있다. 월례회 때는 애국가를 4절까지 부르는 국가관이 투철한 애국자이며, 2015년 북한의 목함지뢰 도발 사건 때에는 자발적으로 국방성금 5,000만 원을 낸 기업인이기도 하다. 또한 일·학습병행제도에도 적극 참여하며 산업계 수요에 직접 연계된 맞춤형 교육과정을 운영하는 여러 마이스터고교를 찾아 격려와 지도를 아끼지 않고 있는 참일꾼이다.
㈜부경 김찬모 대표이사는 "경남의 명문 사학인 경남대학교가 개교 70주년을 맞은 것을 진심으로 축하드린다"며 "그동안 지역사회에 많은 인재를 배출한 데 대해 감사하며, 70년의 터전 경남대학교가 더욱 든든한 대학으로 거듭나길 기대한다"고 말했다.
이어 박재규 총장은 "국내 중소기업 최초로 항공기 엔진 부품 국산화에 성공한 ㈜부경 김찬모 대표이사님의 발전기금 쾌척에 깊이 감사드린다"며 "앞으로도 교육과 연구에 매진해 지역과 세계를 빛낼 우수한 인재를 많이 배출할 수 있도록 노력하겠다"고 화답했다.

[로터리]
어느 중기인의 기브 앤 기브(Give & Give) 정신
임채운 중소기업진흥공단 이사장 사외칼럼

이탈리아 시칠리아 섬에서 기원한 범죄조직 '마피아'라는 단어는 부정적인 의미로 다양하게 쓰이고 있다. 그러나 첨단기술로 세상을 바꾸는 미국 실리콘밸리에서만큼은 예외인 것 같다. 전자결제시스템 회사인 '페이팔' 출신의 '페이팔 마피아'가 있기 때문이다.

(주)부경 김찬모 대표

페이팔의 최고경영자(CEO)였던 피터 틸(페이스북의 첫 번째 엔젤투자)과 일론 머스크(테슬라 모터스 CEO) 등 페이팔 창립 멤버들은 이베이에 페이팔이 인수된 뒤 사업가로, 투자가로 더 왕성하게 활동하며 '페이팔 마피아'로 이름이 붙여졌다. 페이팔 마피아들은 창업 기업들과 힘을 합쳐 이들 업체들이 성공할 수 있도록 도왔다. 정부의 다양한 지원 정책만큼이나 선배 기업인의 역할이 중요한 이유가 여기에 있다. 성공한 기업가에게는 열정과 노력으로 어려움을 극복한 살아 있는 정보가 있고 이들의 지원과 투자로 또 다른 성공이 나올 수 있기 때문이다. 이처럼 선배 기업인의 역할을 다하고 청년 창업의 멘토를 자처하는 어느 중소기업인의 이야기를 소개하려고 한다.

경남 창원에서 항공기 엔진 부품을 생산하고 있는 부경의 김찬모 대표는 기

 임채운 이사장 ———————————————— 2016. 08. 22

업가 정신을 '기브 앤 기브(Give & Give) 정신'이라고 말한다. 공업고등학교를 졸업하고 뛰어든 사업마다 번번이 실패의 쓴맛을 본 그는 이 회사의 창업주가 회사 인감과 공장 열쇠를 넘겨주며 용기를 북돋워준 시절을 잊지 않았다. 조건 없이 받은 고마움에 보답하기 위해서 죽을 각오로 사업에 매달렸던 그는 이제 나눔을 실천하고 있다. 모교에 장학회를 설립해 20년간 후원을 하고 인근 공업고등학교와 자매결연을 해서 기능경기대회에 출전하는 학생들의 훈련비를 매년 기부하는 등 나눔은 선택이 아닌 의무라고 생각한다.

얼마 전 이 기업을 방문한 자리에서 김 대표는 나에게 제안을 하나 했다. 식목일 다음 날인 4월 6일을 '청년창업자의 날'로 지정하는 게 어떠냐는 것이었다. 묘목이 잘 자라려면 수년간 보살펴야 하는 것처럼 청년창업자 또한 성공적으로 자립할 수 있도록 계속해서 관심을 갖고 지켜봐야 하지 않겠느냐는 뜻이다. 실제로 김 대표는 비영리법인인 청년창업석세스코칭협회를 설립해 뜻을 같이하는 기업인과 청년 창업가를 멘토·멘티 관계로 엮어 경영 노하우를 전수하는 계획이 있다고 전했다. 청년 창업의 시장 진입률과 사업 성공률이 훨씬 높아질 것이라고 기대하면서 말이다.

청년 창업을 활성화하고 지원하는 인프라를 구축하는 것은 정부와 중소기업 지원 기관의 몫이다. 하지만 선배 기업인의 생생한 경험을 전달하고 실질적인 조언을 더한다면 창업의 뼈대 위에 피와 살을 덧붙이는 효과가 나타날 것이다. 나누면 배가된다는 Give & Give 정신이 청년 창업의 생태계가 선순환될 수 있는 촉매제가 되기를 기대해 본다.

청년 성공창업 이끌 선배들 「멘토 네트워크」 결성
김찬모 부경 대표 「경남청년창업석세스코칭협회」
이달 중 창립 기업인 100명 「멘토 네트워크」 경영 · 마케팅 노하우 전수

김찬모 청년창업석세스코칭협회 회장

 이시우 기자 ──────────────── 2016. 05. 04

창원 지역 한 기업가가 후배 청년 창업가의 든든한 후견인 역할을 하는 협회 설립을 앞두고 있어 주목된다. 항공기 전문 부품업체이자 강소기업으로 잘 알려진 ㈜부경을 이끄는 김찬모 대표이사가 그 주인공이다.

김 대표가 발기인 대표로 설립하려는 단체는 비영리 사단법인 경남청년창업 석세스코칭(Success Coaching)협회로 3월 중순 발기인대회를 열었고 5월 중 창립총회를 할 예정이다. 비영리 사단법인 인가를 받고자 중소기업청에 관련 서류를 제출했고 금감원 심사를 거쳐 5월 중 설립 인가가 날 것으로 예상한다. 이 협회는 정관에 설립 목적으로 'Give & Give 정신으로 청년 창업가에게 경영과 기술전문가, 기존 중소기업 대표의 경영 노하우를 접목시켜 청년 창업자의 조기 정착과 발전을 꾀해 청년 실업 해소와 함께 중소기업 발전, 나아가 국가 경제 발전에 이바지하는 것'이라고 밝힌다.

김 대표는 경남창조엔젤투자클럽 회장, 경남벤처포럼 회장을 맡아 평소에도 청년 창업가의 멘토 역할을 해왔고, 3억 원이 넘는 (엔젤) 자금 투자도 했다. 더불어 올해 초까지 경남 도내 대표적인 중소기업인 단체 중 하나인 중소기업융합경남연합회 회장을 맡았다. 또한 올해 초까지 경남창조경제혁신센터 이사장을 하면서 청년 창업가들과 많은 대화를 나누고 센터 운영에 조언을 하기도 했다.

김 대표는 이 협회 설립 이유를 크게 두 가지라고 했다. 첫째는 창업, 스타트업(Start-up) 기업 성공률이 겨우 20%밖에 되지 않고 국가 지원도 길어야 1~2년으로 좋은 아이디어와 기술로 제품 개발에 성공해도 사장되는 예가 많기 때문이라고 했다. 최대 1억 원인 청년 창업자금 지원을 받아도 관의 지속적인 관리에 한계가 있고, 청년 창업자도 제품 개발 이후에는 대량생산과 마케팅에서 막혀 시장 진입을 하지 못하는 때가 잦다.

김 대표는 "선배 기업인을 재능 기부 형태로 네트워크를 짜서 청년 창업가와 멘토·멘티 관계로 엮고자 한다. 각종 지원 제도 소개부터 제품 양산과 마케팅 노하우를 전수하면 청년 창업가 시장 진입률과 사업 성공률이 훨씬 높아질 것"이라고 했다. 특히 "창업 뒤 3~7년 사이를 '데스밸리(death valley, '죽음의 계곡')'라고 부르는데 대부분 이 기간을 못 넘긴다. 이 기간을 넘기도록 든든한 후원 역할을 우리 협회가 하겠다"고 밝혔다.

또 다른 설립 이유는 평소 지론 때문이다. 김 대표는 늘 기업의 사회적 책무를 강조하며 기업이 이윤을 창출하면 사회에 환원해야 한다고 생각하고 실천하고 있다. 김 대표는 "지난해에 2억 원을 기부했다. 현금 기부도 좋지만 후배 기업인을 육성하는 데 일조하는 것은 그것 이상의 뜻깊은 역할이라고 생각한다. 묘목도 3~4년 잘 보살펴야 30~40년 뒤 제 역할을 하는데, 하물며 인재는 말해서 무엇하겠는가"라고 말했다.

김 대표는 올해 재능 기부를 할 선배 기업인 100명의 네트워크를 짜서 최소 100명 이상의 청년 창업가를 보살펴주고자 한다. 또 최근 중소기업진흥공단 임채운 이사장에게 식목일 다음 날인 4월 6일을 '청년창업자의 날'로 지정하자고 건의하는 등 누구보다 청년 창업인에게 관심이 많다.

발기인을 살펴보면 경남 아너소사이어티(1억 원 이상 기부자) 회원인 ㈜위딘 권동현 대표이사와 한국산업단지공단 경남본부 미니클러스터협의회 회장으로 대외활동이 활발한 오병후 창원기술정공 대표도 참여해 눈길을 끈다. 청년 창업가로는 스타트업 기업을 이끄는 ㈜플라즈마코리아 김선호 대표이사, ㈜비티에이치 김동현 대표이사, MS스프링 이광하 대표이사 등도 참여하고 있다.

김찬모 부경 대표이사,『기업나라』4월호 표지 인물 선정

항공기 엔진 부품 국산화 등 사례 조명

『기업나라』 표지 인물로 선정된 (주)부경 김찬모 대표

경남신문 이명용 기자 ———————————— 2016. 04. 20

창원산단 내 항공기 엔진 부품 기업인 ㈜부경 김찬모(사진) 대표이사가 중소기업진흥공단 경영·기술 전문지 '기업나라' 4월호에 표지 인물로 선정돼 조명을 받았다.

김 대표는 지난 1985년 부경을 설립해 항공산업 분야에 주력해 왔고, 1995년 중소기업이지만 과감하게 항공기 엔진 부품 연구개발에 뛰어들어 5년 만인 2001년 중소기업 최초로 항공기 엔진 부품 국산화를 성공시켰다. 현재 항공기 엔진 부품 사이에 공기가 새어 나가지 않도록 밀폐시키는 실(seal)과 터빈의 움직임을 고정시켜주는 터빈 스테이터, 케이스 등 엔진에 장착되는 부품 약 330여 개를 생산 중이다.

보잉, 롤스로이스, 에어버스 등 세계적인 민간항공기에 장착되는 이들 제품들은 만일의 사고를 대비해 까다로운 품질 규정과 일반 기계 가공과 차원이 다른 고도의 기술이 요구된다.

'기업나라'는 김 대표가 중소기업으로선 드물게 이 같은 성공을 일궈내기 위한 기술 개발 등 남다른 노력 등을 자세히 소개했다.

특히 고교 졸업 후 창원에서 직장 생활을 하다가 그만두고 개인사업을 하면서 겪었던 각종 어려움 등을 소개하고 있다. 이어 기어코 성공해 청년 창업가와 인재 양성 등에 관심을 갖고 나눔을 실천하고 있는 모습을 조명하고 있다.

Give & Give, 주식회사 부경 김찬모 대표의 기업가정신
김영세의 〈기업가정신 콘서트〉에서 강연

'김영세의 기업가정신 콘서트' 에서 강연하는 (주)부경 김찬모 대표

한국경제TV 김지수 PD ———————————————— 2015. 12. 01

　　　　성공한 기업인의 경영철학과 노하우를 들어보고 기업가정신의 의미를 되새기는 '김영세의 기업가정신 콘서트'가 경상남도 창원시에서 성황리에 개최됐다. 창원은 세계적인 기계 산업단지이자 국내 최대 종합물류 비즈니스센터 등으로 고부가가치를 창출하고 있는 도시다.

기업가정신 콘서트에는 경남 지역 산업을 이끌고 있는 대표 기업 CEO 200여 명이 참석해 기업 경영에 대한 정보와 다양한 경험을 나눴다.

두 번째 강연자인 ㈜부경의 김찬모 대표는 '애국자가 되어야 한다'는 말로 강연을 이끌었는데, 소중함을 잊고 살 때가 많은 공기와 물처럼 국가도 우리에게 그런 존재라는 것을 어필했다.

또한 대한민국이라는 든든한 울타리가 있어 우리가 가족과 친구, 직장 동료 등과 함께 행복하게 살고 있다고 말했다. 경남창조경제혁신센터의 이사장이기도 한 김찬모 대표는 수년째 유망한 스타트업 기업들을 발굴해 지원하고 있으며 플라즈마코리아의 김선호 대표를 이끌어준 멘토이기도 하다.

한국경제TV와 스타리치 어드바이져가 공동 주최하는 '김영세의 기업가정신 콘서트' 4회분의 강연 내용은 12월 12일과 13일 한국경제TV를 통해 방영될 예정이다.

중진공 부산경남연수원, 「인재육성 HRD자문단」 위촉
2016년 11월 4일 중소기업진흥공단 부산경남연수원

'명예연수원장 및 인재육성 HRD자문단' 위촉식

홍정명 기자 — 2015. 11. 05

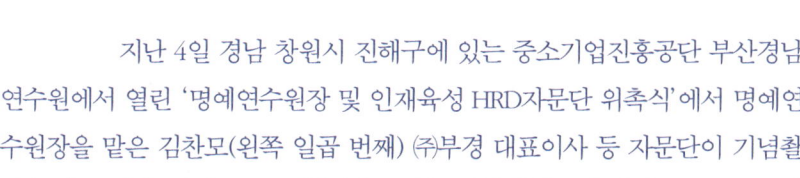

지난 4일 경남 창원시 진해구에 있는 중소기업진흥공단 부산경남연수원에서 열린 '명예연수원장 및 인재육성 HRD자문단 위촉식'에서 명예연수원장을 맡은 김찬모(왼쪽 일곱 번째) ㈜부경 대표이사 등 자문단이 기념촬영을 하고 있다.(사진=중소기업진흥공단 부산경남연수원 제공)

경남 창원시 진해구에 있는 중소기업진흥공단 부산경남연수원(원장 김종오)은 지난 4일 지역 인재육성 우수기업인 ㈜부경 김찬모 대표이사를 명예연수원장으로 하는 '인재육성 HRD자문단 위촉식'을 개최했다고 5일 밝혔다. 이번 자문단 위촉식은 지역의 우수 중소기업과 직접적인 소통을 통해 중소기업의 교육 니즈를 신속히 파악하고 지역 맞춤형 교육을 개발, 제공하자는 취지로 마련됐다.

인재육성 HRD자문단은 명예연수원장으로 선임된 김찬모 ㈜부경 대표이사와 김영일 ㈜유니코글로벌 대표이사, 손출배 ㈜한국정밀 대표이사, 오병후 창원기술정공㈜ 대표이사 등 10인으로 구성됐다. 이들은 향후 2년간 중소기업진흥공단 부산경남연수원의 연수사업 운영에 대한 다양한 자문을 할 예정이다.

정진수 중소기업진흥공단 인력기술본부장은 "이번 명예연수원장 및 HRD자문단 위촉 행사를 통해 부산경남연수원이 지역 산업 인재 육성의 핵심 교육 기관이 될 것으로 기대된다"고 말했다.

부경, 창립 30돌 "첨단항공기 부품엔진업체로 도약"
창원 성산아트홀서 기념식 가져

창원 성산아트홀에서 거행된 (주)부경 30주년 기념식

창원 성산아트홀 연회장에서 열린 ㈜부경 창립 30주년 기념식에서 김찬모 부경 대표이사, 엄진엽 경남중소기업청장, 최충경 창원상의 회장, 최덕영 중진공 경남지역본부장, 이상연 경한코리아 대표 등 참석자들이 국민의례를 하고 있다.

 이명용 기자 ——————————————— 2015. 10. 05

창원시 성산구 웅남동에 위치한 ㈜부경(대표이사 김찬모)이 지난 2일로 창립 30주년을 맞았다. 이를 기념해 부경은 이날 창원 성산아트홀 연회장에서 엄진엽 경남중소기업청장, 최충경 창원상의 회장, 최덕영 중진공 경남지역본부장 등 지역 기관단체장과 임직원 등 120여 명이 참석한 가운데 창립 30주년 기념식을 가졌다.

부경은 항공기 엔진 부품 회사의 국내 국산화 1호 기업으로 지난 1986년 삼성테크윈 협력사로 등록하고 1988년 항공 부품 전용 공장을 설립하면서 성장의 기틀을 마련했다. 특히 꾸준한 연구개발로 난삭재가공 부문의 새로운 표준을 제시하며 유사 부문인 복합화력발전, 풍력발전분야에서도 기술을 인정받고 있다. 김찬모 대표는 매년 1억 원의 기부를 실천하며 지역사회 발전에도 힘쓰고 있다. 종업원은 45명, 매출액은 100억 원이다.

이날 기념식에서는 창립 30주년 표창장 전달과 우수사원 시상, 근속 4년 이상 사원 4명에 대해 700만 원의 격려금 및 장기 근속자 6명에 대해 격려금과 1,000만 원 목돈 내일채움공제 증서 전달이 있었다. 고교 은사에 대해 감사패 증정도 있었다.

김 대표는 "삼성테크윈의 대·중소기업 상생협력을 통한 기술 이전으로 현재처럼 성장하는 데 큰 도움을 받았다"면서 "앞으로 첨단항공기 부품엔진업체로 성장하기 위해 품질과 납기는 물론이고 가격도 최고 수준으로 맞춰 고객을 감동시키도록 하겠다"고 밝혔다.

육군 제39사단, 중소기업융합회 업무협약식
제39보병사단 안중근 장군실

육군 제39사단 – 중소기업융합 경남연합회 업무협약식

 여선동 기자 ──────────────── 2015. 09. 23

　　　육군 제39보병사단(사단장 김성진)과 중소기업융합경남연합회(회장 김찬모)는 지난 22일 사단사령부 안중근 장군실에서 부대 지휘관, 기업체 대표 등 20여 명이 참석한 가운데 업무협약식을 가졌다.

이날 협약식은 경남 지역 중소기업이 모여 이루어진 중소기업융합경남연합회와 39사단이 상호 협력을 통해 우의를 돈독히 하고 지역사회 발전을 위한 뜻을 함께해 업무협약을 맺게 됐다.

특히 이번 협약은 지난 1일, 경남연합회 회장직을 겸임하고 있는 ㈜부경 김찬모 대표가 39사단을 방문해 국방성금 5,000만 원을 기부한 인연으로 시작되어 또 다른 결실을 맺게 됐다. 업무협약을 맺은 후 김 회장은 김 사단장에게 중소기업융합경남연합회 제1호 특별명예회원 위촉패를 전달했다.

김성진 사단장은 "청년 일자리 창출 등 대한민국 발전을 선도해 나가는 중소기업융합경남연합회와 경남안보지킴이 39사단이 지속적인 만남의 자리를 마련하여, 상생의 롤모델로 발전시키자"고 인사말을 하고, 김찬모 경남연합회 회장은 답사를 통해 "중소기업융합회와 향토사단과의 MOU 체결은 사상 처음인데, 이를 계기로 더 많은 업무협약이 체결되길 바란다"고 전했다.

「中企 핵심인력」 그대, 오래 남아 일해야죠
경남중기청, 내일채움공제 청약식
만기 재직 근로자 공동적립금 지급

중소기업 유관기관 내일채움공제 합동청약식

경남신문 전강용 기자 ──────────────── 2015. 09. 04

　　　3일 경남지방중소기업청에서 열린 '내일채움공제' 합동 청약식에서 중소기업융합경남연합회, 경남벤처기업협회, 이노비즈협회 경남지회, 경남중소기업대상 수상기업협의회, 경남중기청, 중소기업진흥공단 관계자들이 기념촬영을 하고 있다.

　　중소기업 핵심 인력이 경쟁사나 대기업으로 빠져나가지 않고 오랫동안 한 기업에서 재직할 수 있는 환경이 조성된다. 경남지방중소기업청은 3일 회의실에서 중소기업진흥공단 경남권 3개 지역본부 및 지부와 공동으로 중소기업 핵심 인력의 장기 재직을 유도하기 위한 '내일채움공제(성과보상기금)' 합동 청약식을 개최했다. 이날 행사에는 유관단체인 (사)중소기업융합경남연합회, (사)경남벤처기업협회, (사)이노비즈협회 경남지회, (사)경남중소기업대상 수상기업협의회와 업체 관계자 등이 참여했다. 이 자리에서 ㈜부경과 그린산업 등 3개사 재직자 13명이 내일채움공제에 청약을 했다

'내일채움공제'는 경남중기청과 중소기업진흥공단이 지난해 도입한 '핵심인력 성과보상기금'이다. 중소기업 사업주와 핵심 인력이 5년간 매월 일정금액을 공동으로 적립하고, 핵심인력이 만기까지 재직 시 공동 적립금을 성과보상금(인센티브)으로 지급받는 제도다. 중소기업이 부담한 공제납입금은 지출하는 해당 연도의 필요경비(인력개발비)로 인정받을 수 있으며, 동시에 25%의 세액 공제 혜택까지 받게 된다. 김찬모 ㈜부경 대표이사는 "회사로서는 적지 않은 부담이지만 회사와 직원이 같은 방향으로 꿈을 키워나가기 위해 직원 11명과 청약하기로 했다"고 밝혔다.

㈜부경이 기탁한 국방성금 5,000만 원 제39사단 전달
2015년 9월 1일 육군 제39보병사단 사령부

육군 제39사단에 국방성금을 전달하는 ㈜부경 김찬모 대표

경남신문 전강용 기자 ──────────────── 2015. 09. 01

창원시에 소재하고 있는 항공우주 부품 제조업체인 ㈜부경 김찬모 대표이사와 본지 남영만 회장은 1일 오전 11시 경남지역 향토방위를 책임지고 있는 육군 제39보병사단 사령부를 방문해 국방성금 5,000만 원을 전달했다. 사진 왼쪽부터 김성진 39사단장, 남영만 경남신문사 회장, 김찬모 ㈜부경 대표이사.

이날 국방성금 전달은 지난달 24일 김찬모 대표가 사원들의 뜻을 모아 경남신문사에 국방성금을 기탁하면서 이뤄졌다.

오는 10월 2일 회사 창립 30주년을 맞는 김 대표는 "전역을 앞둔 군인들이 제대를 미루고, 지뢰가 터져 큰 부상을 입은 군인 2명이 병원에서 평생 군인으로 싸우겠다고 다짐하는 등 북한의 도발로 인한 심각한 상황을 국민의 한 사람으로서 외면할 수 없어 성금을 기탁하게 됐다"고 말했다.

본지는 성금의 사용처를 논의한 끝에 지난해 10월 '국군의날 기념' 대통령 부대표창에 이어 올해 6월 '환경의날 기념' 대통령 부대표창을 연속 수상하며 전군 최고의 향토사단으로 자리매김한 39사단에 기탁키로 결정하고, 이날 성금을 기탁하게 됐다.

한편 김성진 39사단장은 국방에 대해 관심을 가지고 지원해 준 김찬모 대표이사와 남영만 회장에게 고마움의 표시로 감사패를 전달하고, 더욱 굳건한 국토방위를 다짐했다.

남북 대치 긴장 속 창원 기업인 국방성금 5,000만 원 내놔

김찬모 (주)부경 대표 "국방 중요성 알리기 위해 기부"

경남신문사를 방문해 국방성금을 전달하는 (주)부경 김찬모 대표

창원의 한 중소기업체 대표가 최근 북한의 도발로 인한 남북관계의 긴장 속에 국방의 중요성을 알리기 위해 거액의 국방성금을 내놓았다.

경남신문　이명용 기자　———　2015. 08. 24

창원산단 (주)부경 김찬모 대표이사는 24일 오후 경남신문사를 방문해 남영만 대표이사 회장에게 국방성금으로 써달라며 5,000만 원을 기탁했다.

김 대표는 이날 성금 기탁 배경과 관련, "전역을 앞둔 군인들이 제대를 미루고 지뢰가 터져 큰 부상을 입은 군인 2명이 병원에서 평생 군인으로 싸우겠다고 다짐하는 등 현재 북한의 도발로 인한 심각한 상황을 국민의 한 사람으로서 외면할 수 없어 국방의 중요성을 알리고 싶었다"고 밝혔다.

경남신문 독자위원이자 중소기업융합경남연합회장인 그는 현재 통일기금을 조성하고 있지만 이 기금은 통일을 염원해서 조금씩 모으는 것이고 북한의 위협을 받고 있는 현시점에서 국민들이 편안하게 살 수 있도록 하기 위해 필요한 것은 국방성금이라고 강조했다.

현재 각종 기금이 많이 조성되고 있지만 정작 우리의 생존을 위해 중요한 방위성금이 없어져 안타깝다는 점도 덧붙였다. 김 대표는 "중소기업이지만 이 성금을 내기에 앞서 국방의 중요성에 대한 뜻을 모으기 위해 직원들과 가족으로부터 동의를 얻었다"면서 "성금 기탁으로 오는 10월 2일 30주년 창립기념일 기념행사는 간소하게 갖기로 했다"고 말했다. 그러면서 그는 이번 기부가 기폭제가 되어 우리 국방의 중요성에 대한 국민들의 뜻이 국방성금으로 이어졌으면 하는 바람도 조심스레 내비쳤다.

Give & Give 상생(相生)의 원칙
㈜부경 김찬모 대표(중소기업융합경남연합회 회장)

중소기업은 정부 지원 기관들의 지원 방침과 물심양면의 도움에도 불구하고 죽을 지경이라고 비명을 지르고 있다. 노동 강도는 세고, 복지 수준은 낮고, 일감 자체도 불안정한 상태이다. R&D 투자로 스스로의 경쟁력을 확보해야 하지만 대부분 중소기업이 대기업의 임가공 단순 제조업에 치중하다 보니 경쟁력 제고보다는 소위 인건비 따먹기에 치중하는 현실을 부정할 수 없다.
"중소기업에서는 반값의 저렴한 가격으로 만들 수 있는데 대기업은 왜 비싸게 물건을 만들어 파는가? 대·중소기업의 동반 성장, 상생이라는 것은 대기업의 전략 품목을 과감히 중소기업으로 이전하고 대기업과 중소기업의 임금 격차를 줄여나가는 것이다. 그래서 우리 중소기업들이 청년 일자리를 감당해야 한다"며 대기업과 중소기업과의 관계 그리고 청년 일자리에 대한 해법 등 미래 역동적인 대한민국의 갈 길을 제시하고 있는 중소기업융합경남연합회 김찬모 회장(㈜부경 대표이사)을 만나보았다.
항공기 엔진 부품 회사의 국내 국산화 1호 기업 ㈜부경(김찬모 대표이사)은 항공산업의 요람인 경남 창원에서 1985년 설립되어 대한민국을 대표하는 세계적인 항공우주 부품 제조업체로 성장했다. 현재 종업원 45명에 100억 원의 매출액 성과를 올리고 있는 업계 중견기업 ㈜부경은 꾸준한 연구개발로 난삭재 가공 부문의 새로운 표준을 제시하며 유사 부문인 복합화력발전, 풍력발전 분야에서도 기술을 인정받고 있는 명실상부 첨단 친환경 기계기술 보유

 정재원 기자 ──────────── 2015. 06. 04

인재양성 지원금 전달식

기업이다. 우수한 품질과 기술을 통해 고객에게 신뢰받고 '사람과 기술의 조화'를 모토로 미래가치를 창조하는 기업으로 평가받고 있는 부경의 김찬모 대표는 사업적인 성공 이외에도 순수한 사비로 기부를 실천하며 지역사회 발전에 기여하고 있다. 김 대표는 모교인 영주제일고등학교에 효행장학회를 설립하여 연간 1,000만 원씩 20년간 후원을 실천하고 있으며, 최근 창원기계공고와 자매결연을 맺고 기능경기대회에 출전하는 학생들의 훈련비로 매년 500만 원씩 10년 동안 기부를 약속했다. 문화예술계에도 연간 5,000만 원이 넘는 지원금을 내고 있으며, 뜻을 같이하는 중소기업 CEO 7인으로 구성된 '일지회'를 조직해 사회활동에도 힘쓰고 있다. 중소기업으로서 많은 사회 기여 활동을 하는 것에 대해 김 대표는 "실업계 출신이지만 열심히 하면 성공할 수 있다는 것을 보여주고 싶다"고 힘주어 말했다. 김 대표는 1975년 고향 영주에서 공고를 졸업하고 환갑을 넘은 나이에 2015년 창원대학교 졸업장을 따낼 만큼 열정의 삶을 살아가고 있다.

김찬모 대표는 고교 졸업 후 ㈜한화 창원공장에 취업해 18년간 근무하고 1989년 사직서를 냈다.

㈜부경의 김찬모 대표는 사업적인 성공 이외에도 순수한 사비로 기부를 실천하며 지역사회 발전에 기여하고 있다.

부산의 친구 회사에 다니다가 어느 날 한화 재직 시 모셨던 상사가 보자고 해서 만났는데 자신이 경영하던 회사(부경)의 이름을 빛내 달라면서 무상으로 넘겨줘 경영을 하게 됐다며 "그때 받은 주식회사 부경의 치공구 회사는 20년간 함께한 직원들 8명 앞으로 이전해 주었고 지금의 주식회사 부경도 언젠가 그분처럼 좋은 전문 경영인을 만나면 조건 없이 회사를 맡길 생각이다. 그래서 늘 나누면서 살자는 생각을 갖고 있다"고 말했다. 베풂을 실천하는 김찬모 대표는 "사람이 재산이다. 다양한 사내 복지에도 최선을 다하고 있다"며 "직원 간 가족 같은 정이 흐르는 부경이 사람과 기술의 조화로 미래가치 창조에 앞장서며 지속적으로 매출 규모를 늘려 강한 우수 중소기업으로 성장하도록 최선을 다하겠다"고 포부를 밝혔다. 회사는 최근 풍력발전 부품, 터빈엔진 부품 등 신성장동력 사업에 박차를 가하고 있다. 풍력발전 부품(기어케이스 구동부)의 경우 최근 시제품을 삼성중공업에 납품했고, 조만간 본격 양산할 계획이다.

'중소기업융합경남연합회'는 1993년 설립되어 현재 650여 개 회원사가 가입되어 있으며 협업을 통한 융·복합으로 새로운 창조경제에 부흥하는 것을 목적으로 하고 있다. 현재 중소기업융합경남연합회 김찬모(㈜부경 대표) 회장은 "서로 다른 업종의 중소기업으로 조직되어 각 사가 소유하고 있는 경영 정보, 기술 노하우, 마케팅 자원을 교류하자"며 "이를 통해 지식정보화시대의 경쟁력 기반인 신뢰 인프라를 구축해 지방 경제를 활성화하고 나아가 이업종 간 경영기술 융합화로 신사업을 전개해 국가 경제발전에 기여하자"고 말했다. 김 회장은 발전 전략으로 '이업종교류활성화'를 들고 중소기업의 신사업 창출 및 기존 산업의 고부가가치화를 위한 출발점으로 자리매김하는 것과 지식 및 기술융합체계화, 산학연 연계 및 정부의 정책적 지원을 통한 지식과 기술 융합의 체계적인 추진 그리고 사회적 책임을 다하는 중소기업들의 네트워크로서 단체의 역량과 위상을 제고하여 국가 경제 발전에 기여하는 것 등을 강조했다. 또한 창조엔젤투자클럽 회장직을 자원해서 맡고 청년사업과 엔젤 지원 사업을 지속적으로 실시하여 최근에는 플라즈마코리아 사가 녹조·적조 제거 장치를 개발함으로써 1,000억 원의 매출 신장을 눈앞에 두고 있다.

김 회장은 창조, 융합은 어떠한 의미인가에 대해 "창조는 새로운 것을 만드는 것, 융합은 섞는 것이다. 각 중소기업의 재원으로 융·복합을 하자는 것"이라며 "이렇게 각자의 재원을 섞어서 새로운 것을 만드는 것이 기본 골자"라고 설명했다. 이어 김 회장은 "중소기업 사장들의 진퇴양난에 대한 해결책은 강한 자가 약자에게, 가진 자가 못 가진 자에게 베풀어줄 수 있는 순리의 뜻에 따르는 '동반 성장'이란 명제에 있다"며 "때로 중견 업체들은 쥐기만 하고 내놓을 줄을 모르며 안주하기만 하려는 경향이 있다. 기업의 '박애'가 절실하다. 기존의 GIVE & TAKE 정신으로 공동 이익을 추구한다는 실천 강령에서 올해는 GIVE & GIVE 정신을 내세우려 한다"고 말했다.

[스포츠] 나의 골프 이야기

첫 홀인원 뒤 공장 생기고, 세 번째는 부동산 대박!
골프 배운 지 3시간 뒤 라운드… 3퍼트 한 번 없이 98타!

퍼팅하는 김찬모 ㈜부경 대표

김찬모(61) ㈜부경 대표처럼 홀인원 덕을 톡톡히 본 경우도 드물 것 같다. 김 대표는 홀인원을 이글(2회)보다 많은 세 차례나 기록했다. 김 대표가 골프를 배운 것은 41세 때. 당시 1995년 이건희 삼성 회장이 임직원들에게 성공하려면 반드시 골프를 하라며 골프를 적극 권장하던 시절이었다.

문화일보 최명식 기자 ———————————————— 2015. 03. 18

　　　　김 대표는 경남 창원 국가사업단지에서 한화 근무를 거쳐 독립한 사업 초년병 시절 삼성을 거래처로 둘 때였다. 주 거래처가 삼성이다 보니 골프로 교유를 많이 했다. 삼성 직원들과 골프장에서 만났지만 자신이 골프 접대를 할 수가 없었다. 오히려 삼성 임직원들은 회사 방침이라며 법인카드로 그를 접대했다.

첫 번째 홀인원은 1997년 4월 경남 창원골프장 동코스 3번 홀(파3·155m)에서 5번 아이언으로 기록했다. 들어가자마자 '어떡하지?'만 연발했다. 두 번째는 2011년 진해골프장 동코스 2번 홀(파3·150m)에서 기록했다. 들어갔다고 전혀 생각 못 하고 볼을 찾을 수 없어 그린 주변에 놓고 어프로치 샷을 하고 났더니 일행이 깃대를 뽑으면서 그의 볼을 발견했다. 세 번째는 지난해 2월 부산 정산골프장 별우 2번 홀(파3·160m)에서 앞바람이 너무 세게 불어 3번 우드를 잡고 친 볼이 바람에 치솟으면서 그대로 홀컵 앞에 떨어져 홀로 들어갔다.

그는 첫 홀인원 이후 한 달도 채 안 돼 공장이 생겼다. 사업 시작 후 3년이 지났을 무렵이었다. 후배가 심혈을 기울여 공장을 만들었는데 갑자기 회사 사정이 여의치 않아 자신에게 헐값에라도 매입해 달라고 부탁했던 것. 때마침 항공기 엔진 부품 공장을 물색하던 그였기에 시간과 경비를 줄일 수 있어 지금의 회사를 만드는 발판이 됐다. 2014년 2월 세 번째 홀인원 후 팔자에 없는 부동산 대박을 쳤다. 경남 마산의 국군병원 이전 계획이 있었는데, 면적이 15만 ㎡(약 4만 6천 평)가 넘는 대형 부지였다. 시가로만 300억 원이 넘었던 탓에 계속 유찰되다 우연히 지인의 소개로 알게 돼 여유 자금으로 한 번에 도전해 100억 원대 이하로 낙찰을 받았다. 그는 노후에 실버타운이나 요양병원을 짓겠다는 계획으로 부동산을 샀던 것. 채 잔금도 치르기 전에 다른 사업자가 간곡히 매각을 요청하는 바람에 몇 달도 안 돼 차익을 남기고 되팔았다. 모두 홀인원이 가져다준 행운이었다.

그의 골프 입문기는 지금 생각해도 황당했다. 골프를 배운 지 3시간 만에 필드를 나갔다. 자신보다 3년 먼저 배워서 보기 플레이 수준이던 친구들이 그를 다짜고짜 골프 연습장에 데려갔다. 처음엔 뒤땅도 쳤고, 어깨에 힘만 잔뜩 들어가 헛스윙을 하는 바람에 몸만 두 바퀴씩 돌아가기도 했다. 친구들은 물론, 옆 사람들도 키득거렸다. 보다 못한 친구가 "하프 스윙만 하라"며 시범을 보였고, 그대로 따라 했더니 간신히 볼을 맞힐 수 있었다. 연습 볼을 3박스나 치자 친구들은 진해골프장에 데려갔다. 처음엔 7번 아이언으로 몇 홀 치다가 이후 드라이버까지 휘둘렀다. 첫날 스코어는 98타였지만 동반자들이 서너 차례 OB 선 밖으로 나간 볼을 주워주기도 했다. 그런데 신기하게도 이날 그의 그린 플레이는 압권이었다. 아무리 멀어도 2퍼트로 홀아웃하자 친구들은 의심의 눈초리를 보냈다. 아무래도 처음 라운드는 아닌 것 같다고 했던 것.

지금까지 그의 베스트 스코어는 73타다. 2007년 경북 선산 헤븐랜드골프장에서 버디 3개, 보기 4개를 기록했다. 이날 조카인 장동규 KPGA투어 프로와 라운드하면서 프로들과 함께 백 티에서 쳤다. 이날 조카에게 도움을 주기 위해 5언더파 이하를 치면 차를 한 대 사주겠다고 약속하자 조카는 7언더파 65타를 쳤다. 그 역시 조카 외에 다른 프로도 있었기에 긴장한 상태로 쳐 베스트를 기록한 것. 골프는 잘 치는 사람과 쳐야 한다는 진리를 체득했다. 그는 이글을 2013년 경남 거제 드비치골프장에서 일주일 사이 두 번 뽑아냈다. 처음엔 아웃 코스 1번 홀, 일주일 뒤엔 인 코스 1번 홀에서 어프로치 샷을 그대로 넣었다. 320m 거리에서 한 번은 6번 아이언으로 쳤고, 한 번은 드라이빙 아이언으로 쳤다.

그의 스윙 폼은 실력에 비해 약간 어설픈 편이다. 골프를 시작한 지 얼마 안 돼 직원들과 친선 씨름을 하다가 넘어지면서 오른쪽 대퇴부를 다친 뒤 지금도 오른쪽 허벅지에 철심이 그대로 남아 있다. 당시 의사는 골프를 하지 말라고 엄명을 내렸다. 1년 이상 골프를 끊었던 그는 록히드마틴, 벨 등 미국 항공사 여러 곳을 시찰할 기회가 생겼다. 사고 후 처음 골프채를 잡았더니 오른쪽 다리를 버티지 못해 팔로만 치는 스윙이 됐다. 이후 골프를 다시 시작했지만 몸을 틀지 않고 온전히 상체의 힘만으로 스윙했고 이게 습관이 돼버렸다.

1975년 공고를 졸업하고 지난달 환갑을 넘긴 나이에 대학 졸업장을 따낼 만큼 열성적인 삶을 살아왔다는 그는 항공기 엔진 부품 회사를 국내 국산화 1호 기업으로 키워왔다.

㈜부경 김찬모 대표, 영주인재육성장학금 1,000만 원 기탁
고향 영주의 후학들을 위해 장학금 기탁

영주인재육성장학금을 전달하는 중소기업융합경남연합회 김찬모 회장

대구신문 김교윤 기자 ──────────── 2014. 08. 19

㈜부경 김찬모 대표(59)는 19일 지난해에 이어 올해도 고향 영주를 방문, 후학을 위해 써달라며 인재육성장학회에 1,000만 원의 장학금을 기탁했다.

이날 김찬모 대표는 "항상 고향 발전과 어려운 학생들을 위해 희망을 심어주는 보람된 일을 하고자 노력하고 있다"며 "이를 실천하고자 장학회를 방문해 장학금을 기탁하니 마음이 한없이 기쁘다"고 말했다.

김 대표는 영주시 장수면 갈산2리 출신으로 영주중학교 21회, 영주제일고등학교 27회 졸업, 항공기 부품 제작 전문업체의 성공한 CEO이다.
㈜부경은 항공산업의 요람인 경남 창원에서 1985년 설립해 대한민국을 대표하는 세계적인 항공우주 부품 제조업체로 종업원 50명에 70억 원의 연매출을 올리고 있다.

현재 김 대표는 중소기업융합경남연합회장을 맡고 있으며 모교에 대한 사랑이 남달라 2006년부터 매년 어려운 학생에게 1,000만 원의 장학금을 지원해왔다. 장욱현 이사장은 "장학사업에 대한 관심과 보내주신 후원에 힘입어 영주와 국가의 미래를 책임질 동량이 될 우수 인재를 육성하기 위해 영주시는 혼신의 노력을 다해 나가겠다"고 했다.

창원 아메코-부경, 경남中企대상 현판 달았다
경남중기청, 15-16호 현판 전달

7월 9일 창원시 성산구 (주)부경 공장에서 김찬모(오른쪽) 대표가 갓 제작한 항공기 엔진 부품을 경남 중기대상 수상 기업협의회 관계자들에게 설명하고 있다.

 김용훈 기자 ──────────────── 2014. 07. 10

　　　창원 아메코(주)와 (주)부경이 경남중소기업대상(大賞) 수상 15·16호 기업 현판을 9일 달았다.
이날 현판식에는 정환두 경남지방중소기업청장, 정병홍 경남중소기업대상 수상기업협의회 회장, 이경균 경남은행 부행장, 회원사 관계자 등이 참석해 현판을 전달하고 공장을 둘러보았다.
지난 1980년 창립한 아메코는 수출유망중소기업으로 공작기계인 CNC선반, 머시닝 센터, 칩콘베이어, 유압 유니트 등을 생산하며 자동화 설비를 제작해 산업 생산성 향상에 크게 기여하고 있다.
김경순 아메코 대표는 "친환경 분야 개발에 박차를 가하고 있다"며 "매출도 중요하지만 기업의 성장성을 위해 무엇보다 인재를 키우는 데 주안점을 두고 있다"고 말했다.
지난 1985년 창립한 부경은 항공기 부품 제작 전문업체로 국내 중소기업 중 최초로 부품 국산화에 성공해 명실상부한 친환경 기계기술을 보유한 기업으로 성장하고 있다.
김찬모 부경 대표는 "기업을 일구어나가면서 고난과 역경도 많았지만 새로운 패러다임으로 극복해 직원 복지에 주목했다"며 "매년 20% 매출 향상을 보이고 있고 내년에는 3년차 이상 직원들에게 1,000만 원 이상의 성과금을 지급할 계획이다"고 말했다.
한편 중기대상 회원사에 대해 경남중기청은 중견 기업으로 도약하기 위해 필요한 각종 정책 지원을 해주고 있다.

| 에필로그 |

혼자서는 행복할 수 없다

얼마 전 지인에게 그림 하나를 선물했다. 가을날 추수가 끝난 시골의 논에서 연기가 하늘 위로 피어오르는 무척 아름다운 그림이다. 그림의 제목은 〈짚불〉이었다. 짚을 태운 불을 짚불이라고 한다. 겉으로는 고요하고 평화로운 시골 정경이지만 그 속에는 뜨거운 불씨가 있다. 연기를 뿜어내는 짚더미 속에 불씨가 숨어 있는 것이다. 숨어 있는 열정적인 불, 그 의미를 전하고 싶어서 건넨 선물이었다.

나는 그때그때 아쉬운 마음을 시로 적곤 한다. 특히 세월이 흐르고 나이가 들어갈수록 조금씩 사그라지는 열정에 대한 아쉬움을 담을 때가 많다. 자서전 《기브 앤 기브》 역시 젊은 시절 열정의 불씨를 확인하고 싶은 의미에서 시작했다. 비록 열정의 불길을 활활 태우고 지금은 재만 남은 듯 보이지만 내 가슴속에는 여전히 열정의 불씨가 남아 있음을 확인하고 싶었다.

사람은 누구나 언젠가는 죽게 마련이다. 그러나 자신이 언제 죽을지를 아는 사람은 없다. 우리는 짧은 시간 이 세상을 살다가 자연으로 돌아간다. 어찌 보면 덧없는 인생이다. 그렇기에 어떤 사람은 쾌락을 좇으며 흥청망청 살기도 하고, 어떤 사람은 하루하루를 충실하게 살아간다. 자기만족과 자기 성찰을 일원화할 수는 없기 때문이다. 인생에 정답은 없다. 인생은 어떻게 살아갈 것인가 하는 답을 찾아가는 과정이다.

천억 원을 통장에 넣어두는 것에 만족하는 사람이 있는가 하면 적은 돈이라도 다른 사람들과 나누며 살아가고자 하는 사람들이 있다. 나는 쌓아두고 떠나기보다 살아 있을 때 조금이라도 사람들과 함께 나누고 가기를 원한다. 그것이 사회를 위해, 그리고 나 자신을 위해 의미 있고 바른 길이라고 생각하기 때문이다.

지나온 삶을 정리해 보고 삶의 의미를 되새겨보고자 '기업가정신'이라는 주제로 《기브 앤 기브》라는 자서전을 썼다. 내가 생각하는 성공의 모토는 작은 것이라도 나누는 것이다. 기업이 비즈니스에서 이윤을 남기기 위해서는 '기브 앤 테이크'를 실천해야 하지만, 사회적 의무를 다하려면 '기브 앤 기브'의 나눔을 실천해야 한다. 사람은 혼자서는 살아갈 수 없기 때문이다. 내가 이룬 성공도 국가와 사회의 도움, 그리고 많은 주위 사람들의 도움이 있었기에 가능한 일이었다. 하루 두 끼 먹기도 힘들고 학비가 없어서 공부를 포기해야 할 때도 있었고, 사업을 시작하면서 죽음을 생각할 만큼 절망적일 때도 있었지만, 그때마다 기적적으로 나에게 도움의 손길을 내뻗은 사람들이 있었다. 그렇기에 내가 받은 만큼, 아니 그 이상으로 사람들에게 나눠 주고자 한다.

사람들은 보통 기부와 나눔이라고 하면 돈을 먼저 생각한다. 그러나 반드시 돈일 필요는 없다. 실패든 성공이든 먼저 경험하면서 얻은 지혜를 나눌 수도 있고, 자신이 알고 있는 노하우를 전하는 것도 나눔이다. 그런 점에서 나는 젊은 창업가들에게 금전적인 투자를 하기도 하지만, 그들과 대화를 나누거나 강의를 통해서 용기와 자신감, 열정을 심어주는 것을 더 좋아한다. 나눔은 크고 거창한 것이 아니다. 작게는 차 한잔하면서 의미 있는 얘기를 나누고 서로를 칭찬하는 시간을 가지는 것도 나눔이다.

이 책 《기브 앤 기브》를 펴낸 것 또한 나눔의 일환이다. 이 책을 통해 나눔의 문화를 널리 퍼뜨려서 더 많은 사람들이 나눔을 실천하기를 바라는 마음에서다.

마음의 회환을 틈틈이 짧은 시와 글로 표현하기는 했지만, 책 한 권을 써낸다는 것은 참으로 긴 고행의 시간이었다. 논픽션의 인생을 표현해야 했으니 말이다. 책을 쓰면서 힘들었던 어린 시절을 추억하기도 하고, 어두운 터널을 뚫고 나와 보람을 느끼던 시절이 떠오르기도 했다. 지금까지 살아오면서 순간순간 기쁨도 있었지만 슬픔과 외로움을 참지 못하고 한참을 울던 때도 있었다. 아무리 긴 책인들 한 사람의 인생을 고스란히 담을 수는 없으리라. 아쉬움을 뒤로하고 내 삶과 생각을 세상에 선보인다.

늘 무모한 도전일지 모르지만
그래도 도전한다!
2018년 1월 김찬모